★成功经理人365天管理笔记系列(服务业经理人)

酒店前厅经理

365天管理笔记

时代华商管理培训中心◎策划

滕宝红◎主编

◆采用“一日管理 + 一周管理 +一月管理+ 季度管理+ 全年管理”编写风格，图文并茂、形式活泼。

◆内容阅读采用PDCA循环法，通过时间安排、工作重点、管理方法、管理心得四个部分为一个完整循环的学习方式进行导读。

◆本丛书编排新颖，思路清晰，是企业经理人不可多得的管理用书。

作为一本职业经理人的学习管理笔记，该书能指引经理们每天有计划地安排时间，认真记下工作中的琐事，再把自己想做的事情、计划做的事情、没有解决的问题记录下来，并定期检视，从而使他们成为一名成功的经理人。

廣東省出版集團

广东经济出版社

图书在版编目（CIP）数据

酒店前厅经理365天管理笔记／时代华商管理培训中心策划，滕宝红主编．—广州：广东经济出版社，2012.10

（成功经理人365天管理笔记系列．服务业经理人）

ISBN 978－7－5454－1384－7

Ⅰ．①酒…　Ⅱ．①时…②滕…　Ⅲ．①饭店—商业管理　Ⅳ．①F719.2

中国版本图书馆CIP数据核字（2012）第155386号

出版发行	广东经济出版社（广州市环市东路水荫路11号11～12楼）
经销	全国新华书店
印刷	深圳市建融印刷包装有限公司（深圳市罗湖区梨园路104号3楼东）
开本	787毫米×1092毫米　1/16
印张	11.5
字数	228 000字
版次	2012年10月第1版
印次	2012年10月第1次
印数	1～5 000册
书号	ISBN 978－7－5454－1384－7
定价	25.00元

如发现印装质量问题，影响阅读，请与承印厂联系调换。

发行部地址：广州市环市东路水荫路11号11楼

电话：（020）38306055　38306107　邮政编码：510075

邮购地址：广州市环市东路水荫路11号11楼

电话：（020）37601950　邮政编码：510075

营销网址：http：//www.gebook.com

广东经济出版社常年法律顾问：何剑桥律师

前　言

作为酒店中坚力量的部门经理，在酒店运营中起到承上启下的作用，他们的职业素质、管理能力和领导能力决定了酒店发展的速度，决定了酒店能否培养出一支优秀的员工队伍，决定了能否有效达成酒店经营目标和提高业绩。

部门经理是酒店的执行者，由于各种原因，在管理工作中出现许多问题：要么出现缺乏规划，没有重点，看起来每天都很忙，但不知在忙什么，忙得没有效果；要么执行力严重缺乏，领导的意图总是贯彻不到位或未及时落实；又或不懂得设定目标，没有掌握达成目标的有效方法等。

出现这些问题的根本原因是，部门经理不会在年初做规划，不会在季初、月初、周初做计划，不会妥善地安排下属的工作，不会合理地运用自己每天的时间，不会有效地跟进部门各项工作，不会在月末、季末、年末的时候做总结报告。当然，还有一些新上任的部门经理甚至不知道自己该在什么时候做计划、该在什么时候跟进工作、该在什么时候写总结，而只是被动地听从上级安排，这自然不是一个优秀的部门经理应有的表现。

针对酒店部门经理的困境，我们设计了“成功经理人365天管理笔记”系列丛书之酒店服务业，旨在引导部门经理们每日、每周、每月、每季、每年（年末）做应当做的事情，以及正确使用做这些事情的方法、技巧及应用的表格、表单和工具。

“成功经理人365天管理笔记”系列丛书的酒店服务业目前主要涵盖6个管理岗位，包括前厅经理、客房经理、餐饮经理、营销经理、财务经理、连锁酒店店长。

“成功经理人365天管理笔记”系列丛书的酒店服务业编排新颖，思路清晰，是酒店经理人不可多得的管理用书。该系列丛书打破传统图书的理论讲述，不讲为何做，而讲怎样做，注重实操性。书中提供大量工作总结、工作计划范例以及可以直接运用到实际工作中的表单。

为了方便读者学习，本书在一些重点内容，或需要注意的内容旁增加了“特别提示”栏目，方便读者注意重点、要点，加深学习印象。同时，本书在页面的右方设置了“随手札记”，供读者随时记录学习心得。请不要将这些表格忽略，要认真投入思考并记录下来，这绝对会有助于读者各方面能力的提升。

作为一本部门经理的学习管理笔记，该书能指引经理们有计划地安排时间，记录工作中的琐事，通过找方法，一步一步解决问题，再把自己想做的事情、计划做的事情、没有解决的问题记录下来，去寻找解决的办法，定期检视，使他们成为一名成功的经理人。

“成功经理人365天管理笔记”系列丛书的酒店服务业适用于酒店部门经理、主管、领班，新入职的大、中专学生，管理培训机构，职业管理院校的学生等阅读，也可作为管理人员的手边工具书使用。

“成功经理人365天管理笔记”系列丛书的酒店服务业由时代华商管理培训中心策划，由北京京都黄河酒店管理（投资）集团公司、北京凯悦莱温泉度假酒店、深圳上海宾馆、秦皇岛四川大酒店、山西同汇酒店管理有限公司等单位以及薛永刚、孙勇兴、方辉、赖娇珠、段青民等专家和酒店一线管理人员共同编著，全书最后由滕宝红统稿、审核完成。

当然，本系列丛书也有不足之处，希望广大读者对我们提出宝贵意见。在此，我们所有编者对您的关注予以真诚的感谢！

“成功经理人365天管理笔记”系列丛书

编委会

目　录

导　读　365天管理阶段工作

第一章　一日工作安排与落实

忙！忙！忙！

越来越忙，越忙越乱……

忙着组织新员工入职培训，忙着检查客房预订情况，忙着检查各种报表，忙着准备VIP客人接待，忙着制订部门培训计划，忙着准备绩效考核……

作为前厅经理的你，是不是处于以上所述的忙乱状态中呢？如果是，那么你就需要做好每天的工作计划了，只有按照详细计划一步步来，才能条理清晰而不至于在手忙脚乱中出差错。相信通过本章的学习，你一定能摆脱这种“忙乱”的困境。

第二章　一周工作安排与落实

新的一周又开始了，该怎样做好这一周的工作呢？仔细想想，本周有哪些主要工作：要对新入职员工进行指导，要对前厅部的财物、卫生等情况进行检查，需要为部门经理周例会做准备……

事情还真多，怎样才能理清呢？仔细看看，哪些必须在第一时间内完成，哪些可以稍微往后延……

如果你每周都处于这种忙乱状态，那就要做好一周的工作安排与落实。通过本章学习，相信你一定可以远离这种忙乱状态，从而让工作更加有条不紊，更加轻松愉快！

第三章　月度工作安排与落实

前厅经理工作事情多且杂，需要与各个部门沟通协调，如果没有按时做好工作，将会影响其他部门的正常运转；如果没有及时与客房部核对客房现状，将可能导致客房安排出现错误，以致客人投诉等。

每个月的工作有常规的，也有突发的，前厅经理要做到让自己忙而不乱，工作井井有条，就必须做好工作安排。

第四章 季度工作安排与落实

对于季度工作的安排，是属于宏观性的；要对一个季度的重点事项做到心中有数，才能按照季度安排做好每月、每周甚至每一天的工作。

作为前厅经理，每一季度的重点工作都需要有所侧重。但是总的来说，每一季度的工作中又有重复的事情。要想让自己能从容应对，你可以将自己的每一季度工作都做好安排。

第五章 年度工作安排与落实

年终又要到了，要对本年度前厅部工作进行总结，还要制订下一年度计划，实行年终部门大检查……

这个时候可以说是前厅经理忙得团团转的时候。

其实，你也可以不用让自己显得如此忙碌，比如，提前将年终各项工作做好安排，就可以让每件事情都按照计划进行。当然，预留一定的时间来应对突发事件，可以让你的年终各项工作更好地完成。

导读

365天管理阶段工作

一、一年365天时间分配

一年365天，时间是有限的，要怎样进行合理分配？作为前厅经理，这是一个必须要考虑的问题。

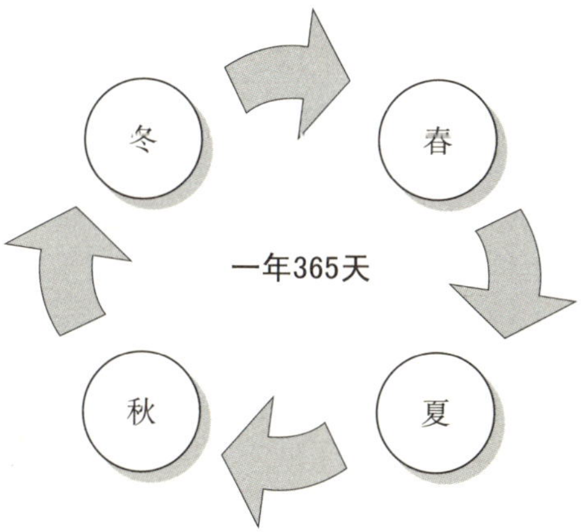

图1　一年365天循环图

二、国家法定节假日

前厅经理要对时间进行合理分配，首先要明确一年中的国家法定节假日。因此，可以先将一年中的国家法定节假日分列出来。一年中常规的国家法定节假日如表1所示。

表1　国家法定节假日

序号	节假日名称	放假天数	日期
1	元旦	1天	1月1日
2	春节	3天	农历除夕，正月初一、初二
3	清明节	1天	4月5日
4	国际劳动节	1天	5月1日
5	端午节	1天	农历端午节当日
6	中秋节	1天	农历中秋节当日
7	国庆节	3天	10月1～3日

三、工作时间

工作时间，又称法定工作时间，是指员工为履行工作义务，在法定限度内，在用人单位从事工作或者生产的时间。

（一）工作时间计算

年工作日：365天－104天（休息日）－11天（法定节假日）=250天

季工作日：250天÷4=62.5天

月工作日：250天÷12=20.83天

（二）有效工作时间

有效工作时间就是称职员工完成一件工作的必需时间。如果上班时间为8小时，在通常情况下，大多数员工的有效工作时间是达不到8小时的，必须扣除等待、无意义的闲聊、串岗或处理个人私事的时间。

四、阶段工作法

前厅经理可以采用阶段工作法对工作进行安排。什么是阶段工作法呢？这里所说的阶段指的就是一日、一周、月度、季度、年度各个不同的时间段。

前厅经理对每日、每周、每月、每季度和每年度的工作进行安排，做好时间及工作事项安排，对工作进行分阶段总结。

表2　前厅经理阶段工作安排

阶段	工作事项	备注	阶段	工作事项	备注
一日	（1）制订当日工作计划 （2）做好每日形象自检 （3）前厅部每日早会 （4）每日巡视工作 （5）审查各类表格和表单 （6）前厅员工日常工作管理 （7）与酒店其他部门协调工作 （8）做好客房状态控制工作 （9）开展客房推销工作 （10）客人投诉处理 （11）前厅部常规事件处理 （12）突发事件的应急处理		一周	（1）制订一周工作计划 （2）主持部门周例会 （3）参加部门经理周例会 （4）担任值班经理 （5）新员工入职指导 （6）前厅部每周卫生检查 （7）征求客人意见 （8）VIP 客人接待工作 （9）每周工作总结 （10）每周自我反思	
月度	（1）制订月度工作计划 （2）制定每月排班表 （3）前厅部新员工培训 （4）在职员工培训 （5）联系相关旅行社、旅游网站 （6）市场调查 （7）月度员工绩效考核 （8）编写月度工作总结		季度	（1）制订前厅季度目标计划 （2）受理员工离职 （3）员工招聘管理 （4）新员工转正安排 （5）前厅设备季度大检查 （6）成本控制与管理 （7）建立与管理客史档案 （8）员工激励工作	
年度	（1）年度工作总结与下一年计划 （2）年度工作计划 （3）编制年度培训计划 （4）制订年度预算			（5）建立对客服务质量标准 （6）前厅设备更新改造 （7）签订前厅部安全责任书 （8）前厅员工年度绩效考核	

第一章

一日工作安排与落实

忙！忙！忙！

越来越忙，越忙越乱……

忙着组织新员工入职培训，忙着检查客房预订情况，忙着检查各种报表，忙着准备VIP客人接待，忙着制订部门培训计划，忙着准备绩效考核……

作为前厅经理的你，是不是处于以上所述的忙乱状态中呢？如果是，那么你就需要做好每天的工作计划了，只有按照详细计划一步步来，才能条理清晰而不至于在手忙脚乱中出差错。相信通过本章的学习，你一定能摆脱这种“忙乱”的困境。

一、制订当日工作计划

前厅经理在制订当日工作计划前，要对当日时间和工作事项进行仔细分析。根据工作事项的紧急性、重要性按先后顺序排列，重要和紧急的最先做，不重要和不紧急的放在最后做，以保证所有事项都能恰当而圆满地完成。

（一）时间清单分析

前厅经理将一天的法定工作时间，按照每半小时为一段进行分段，然后逐项将实际活动事项填入时间清单分析表中，如表1-1所示。在活动事项后面，准确填入该活动事项相应的计划用时、实际用时、超时以及超时原因。

（二）工作事项分析

1.工作清单分析

前厅经理分析一个法定工作日内所做的工作事项及其各自用时如何，如果超时，则分析其原因。这可以采用工作清单分析表，如表1-2所示，进行明确分析。

表1-1　时间清单分析表

姓名：　　　　　　　　　　　　日期：

序号	时间	活动事项	计划用时	实际用时	超时	原因
1	8:30～9:00					
2	9:00～9:30					
3	9:30～10:00					
4	10:00～10:30					
5	10:30～11:00					
6	11:00～11:30					
7	11:30～12:00					
8	12:00～12:30					
9	12:30～13:00					
10	13:00～13:30					
11	13:30～14:00					
12	14:00～14:30					
13	14:30～15:00					
14	15:00～15:30					
15	15:30～16:00					
16	16:00～16:30					
17	16:30～17:00					
18	17:00～17:30					
19	17:30～18:00					
	总计					

表1-2　工作清单分析表

姓名：　　　　　　　　　　　　　　　　日期：

工作事项	计划时间	实际时间	浪费/延误	无计划用时	原因

（1）将所有工作填入工作事项栏，包括累计用时超过10分钟的工作。如果没有超过10分钟可以不填入，但如果这些事项累计时间超过1小时，就要引起重视，应该在分析表中作特别说明。正常事项如检查客房预订表，上午20分钟，下午30分钟，可以将此累计在报表检查这一事项中。

（2）填入具体事项，如“到人力资源部了解前厅员工招聘情况”，“与客房经理共同讨论客房状态准确信息对称”，“听取接待部主管对接待工作情况的汇报”，“处理客人投诉”等。

（3）只要简单说明浪费、延误的原因即可。如向总经理汇报下个月前厅部工作计划，预计30分钟，但由于没有把握好本次汇报用时，结果花了40分钟，超时10分钟。

2.工作（活动）分项分析

（1）前厅经理可以将工作清单中的同类事项进行合并，然后填入工作分项分析表中，如表1-3所示。

随手札记

表1-3　工作（活动）分项分析表

姓名：　日期：

分析事项	计划用时		实际用时		浪费/延误		无计划用时		原因
	用时	排序	用时	排序	用时	排序	用时	排序	
召开部门早会									
到前厅现场巡视									
给VIP客户打电话									
查看去年同期客房销售情况									
组织开展客房预订工作									
起草安全管理计划									
向总经理汇报工作情况									
听取楼层主管工作汇报									
接待VIP客户									
与酒店其他部门进行协调									
进行安全大检查									
……									
总计									

（2）“无计划用时”只计算无计划用时总计数。各项工作活动的无计划用时，是指该项工作活动的实现没有计划时间。

（3）凡是超计划用时或者是记不起来的用时均计入“浪费/延误”中。

（三）制订每日计划表

前厅经理根据前面对工作时间和事项分析之后，就可以制订一份个人每日工作计划表。每日计划表可以按照不同标准来制作，如按照时间或工作事项的紧急重要性等。

特别提示：

现在，你可以制订一份自己的每日工作计划表，对自己的一天事项进行合理安排。

表1-4是某酒店前厅经理按照时间做出的每日计划表，仅供参考。

表1-4　每日工作计划表

时间		预定工作内容	执行结果
上午	8:00前	(1) 上岗前检查自身仪容仪表 (2) 与值班经理交接，看清楚交接班事务并签字	
	8:00～8:15	检查前厅服务员仪容仪表及各工作装备情况	
	8:15～8:30	召开前厅部早会，传达酒店会议要求和指示，并布置当天各部门工作任务	
	8:30～9:00	与客房部核对各楼层房态信息，了解当天客房预订情况	
	9:00～11:00	(1) 检查各类报表，掌握每天客人的抵、离数量及类别，负责重要客人的迎送和住宿安排工作 (2) 巡视前厅，检查前厅各部员工操作程序是否规范	
中午	11:00～11:30	工作午餐	
下午	11:30～15:30	(1) 受理客人投诉，与相关部门沟通合作，积极予以解决，并做好详细记录 (2) 监督各项营业报表，并进行营业统计分析 (3) 参与住店客人的日常接待工作，审定重要旅行团的接待计划，做好重要团队的接待工作	
	15:30～17:00	(1) 协调前厅部与酒店其他部门的业务关系，保证前厅部各项工作顺利进行 (2) 督促、检查前厅各岗位的工作完成情况，对不符合酒店要求的要及时纠正	
	17:00～17:30	工作晚餐	

随手札记

（续表）

时间		预定工作内容	执行结果
下午	17:30～18:30	(1) 召集服务员开工作例会，总结一天工作情况，对不完善的地方要特别说明并进行培训 (2) 再次检查各项营业报表，对第二天的营业情况作出预测	
	18:30～19:00	做好一天工作情况汇总，记录在交接簿上，与值班经理交接	

二、做好每日形象自检

前厅经理每天出门之前，要在镜子前仔细照一照，看看自己的形象是否“过关”。良好的个人形象，不仅代表个人，还代表了整个酒店。因此，必须做好每日形象自检工作。

（一）整体形象

个人整体形象示例对比，具体如图1-1所示。

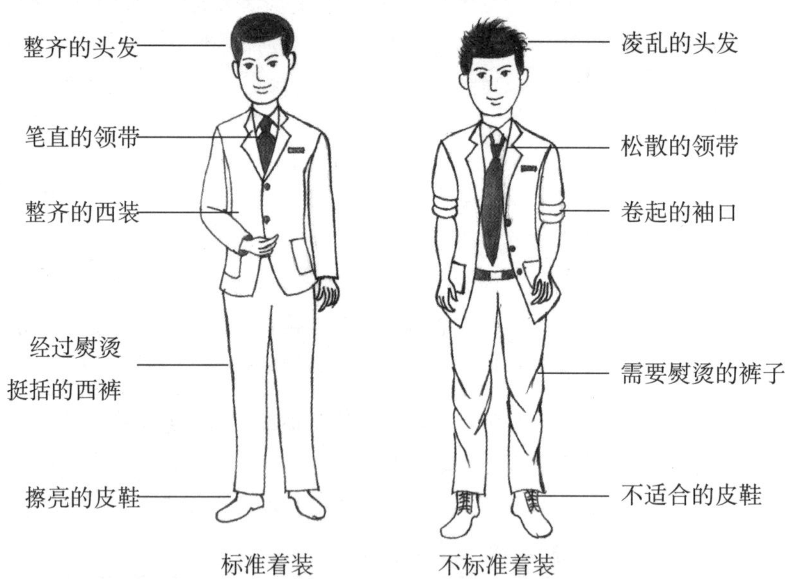

图1-1　整体形象

（二）具体细节

形象往往体现于细节之中，因此要做好各种细节工作。下面列举一些细节事项，请参照对比。

1.头发

不准染发、烫发，头发不要过耳、面部，不要长过领子。清爽的发型、干净的头发更有朝气

图1-2　头发

2.胡须

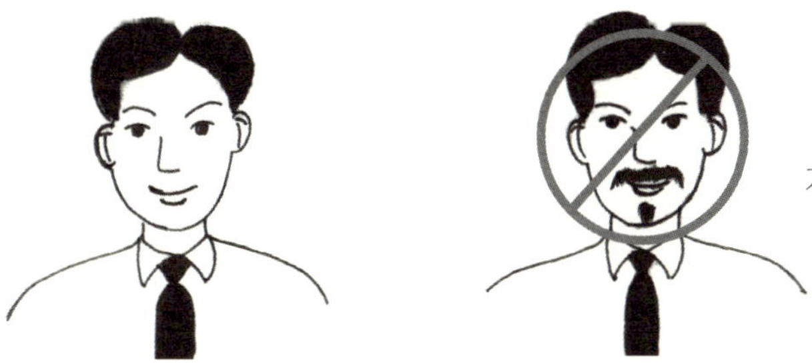

不蓄胡须

图1-3　胡须

3.牙齿

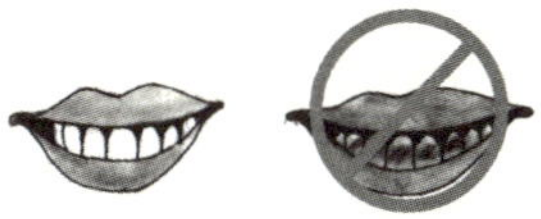

注意牙齿的清洁卫生，保持口气清新

图1-4　牙齿

4.鼻子

鼻毛不宜过长，注意鼻腔卫生

图1-5　鼻子

5.鞋

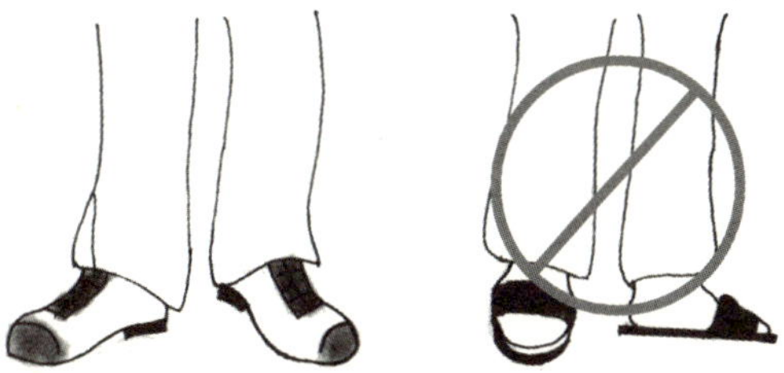

上班时不得穿拖鞋

图1-6　鞋

（三）形象自检表

前厅经理可以根据形象自检表，来检查自己的形象是否符合要求。

1.男士形象自检

男士形象自检，具体如表1-5所示。

2.女士形象自检

女士形象自检，具体如表1-6所示。

特别提示：

当然，客房经理可以个人形象自检表为标准，对员工着装进行检查。因为无论是管理者还是员工，其个人形象都代表着整个酒店的形象。

三、前厅部每日早会

早会在一天的工作中占有非常重要的地位。在早会上，前厅经理既要对前一天的工作进行分析总结，又要对今天的工作

表1-5 男士形象自检表

序号	项目	检查重点	备注
1	头发	（1）常洗常剪吗？有无头屑 （2）额前头发遮盖眼睛吗？长短合适吗？是否15天修理一次头发	
2	面部	（1）脸上有清洁、健康之感吗？会不会干涩或油光光的 （2）认真刷牙吗 （3）常刮胡须吗	
3	衣服	（1）适合工作环境吗 （2）着装端正吗？肩上有头屑吗 （3）穿新衣服时，精心整理吗	
4	衬衫	（1）是否干净？是否平整挺括，无污垢、无斑点 （2）是否平展？纽扣齐全吗 （3）领带干净平整吗	
5	裤子	（1）是否无污垢、斑点，平整挺括 （2）裤子的拉链、纽扣是否结实 （3）皮带是否结实	
6	衣袋	（1）衣袋内是否放有纸巾 （2）衣袋内有无棉尘、脏物	
7	手	（1）指甲是否认真修剪了？手及指甲粗糙吗 （2）手指甲是否干净	
8	袜	（1）脚上的袜子是否干净？每天换洗吗 （2）袜子与衣服的颜色、款式是否协调、适合	

（续表）

序号	项目	检查重点	备注
9	鞋	（1）鞋子是否光亮整洁？鞋后跟是否磨损变形 （2）鞋与衣服的颜色、款式是否协调、适合	
10	其他	（1）面带微笑吗 （2）情绪饱满吗	

表1-6　女士形象自检表

序号	项目	检查重点	备注
1	头发	（1）是否常洗常剪？头上饰物会哗众取宠吗 （2）额前头发是否遮盖眼睛？长短合适吗？发型有无妨碍工作	
2	化妆	（1）脸上有清洁、健康之感吗？保养面部皮肤了吗 （2）口红、眼影浓淡适合吗？口红颜色相宜吗（避免使用偏白荧光型口红）	
3	衣服	（1）适合工作环境吗 （2）常洗熨吗？肩上有头屑吗	
4	衬衫	（1）是否干净、平整挺括，无污垢、斑点 （2）是否平展？纽扣齐全吗 （3）领巾干净平整吗	
5	裙子	（1）是否整洁、平整挺括 （2）有无未绽线散开	
6	装饰品	（1）是否累赘、引人注目 （2）是否佩戴造型奇特的手表	

随手札记

（续表）

序号	项目	检查重点	备注
7	手	(1) 指甲认真修剪了吗 (2) 手指甲是否太长？指甲油是否过浓或出现脱落	
8	长筒袜	(1) 颜色是否适当 (2) 是否绽线	
9	鞋	(1) 鞋子是否光亮整洁？鞋后跟是否磨损变形 (2) 鞋与衣服的颜色、款式是否协调、适合	
10	其他	(1) 面带微笑吗 (2) 情绪饱满吗	

作出全面安排。早会效果的好坏直接关系到一天的工作成效，因此前厅部经理应高度重视。

（一）早会内容

前厅部早会的主要内容包括昨天的工作总结和今天的工作安排。例如昨天来了什么重要客人，是否招待周到，抵离店客数及类别，客账情况是否有差错，今天要做个卫生检查等。所有事项务必具体，以便员工能完全领会，更好地完成工作。

下例是某酒店前厅经理在一次早会上所讲的内容。

【范例01】

××酒店前厅部早会要讲的内容和要点清单示例

一、昨天的情况

1.出现客房差异状态，经过调查是××没有及时将住客信息进行登记，后来又没有与客房部进行核对，导致重复售房现象的发生。大家都知道客房状况是在不断变化的，今后一定要及时与客房部保持联系，定时核对各项信息，确保客房状态显示的准确性。

2.客人投诉……

3.推销客房状况……

4.人员到岗状况……

5. 重要客人接待状况……

6. 客房预订状况……

二、今天的工作安排

1.在交接班时，一定要做好交接工作，避免交接事项出现失误。

2.××和我一起对前厅这周出现的客人投诉事件进行归类总结。

3.上午有两个团体客人抵达，由接待员××负责到机场接机，另外接待员××负责到火车站接客人。开完早会后去准备，保证将客人安全地接到酒店。

4.××客人已离店，但有店外邮件送来，今天要联系到××客人，让他取走邮件。

……

特别提示：

任何人不得以任何借口缺席早会，确实有事必须先请假。前厅经理有事，必须交代好职务代理人，如副经理，并由他来主持早会。

每次早会都要做好记录工作，所有内容都要填入前厅部早会记录表中，如表1-7所示。

（二）建立早会管理制度

早会对一天的工作是如此重要，因此有必要制定一套恰当的管理制度将其规范化，以便前厅部所有员工都能明确遵守。

表1-7　前厅早会记录表

<table>
<tr><td>日期</td><td></td><td>领班</td><td></td><td>主管</td><td></td></tr>
<tr><td colspan="6">早会内容：</td></tr>
<tr><td>岗前培训</td><td colspan="5"></td></tr>
<tr><td>工作安排</td><td colspan="5"></td></tr>
</table>

随手札记

下面这个例子是某酒店的前厅部早会管理守则，仅供参考。

【范例02】

××酒店前厅早会管理守则

第一条　会议时间

周一至周五上午8:30召开前厅部每日早会。

第二条　会议主持

前厅部经理担任会议主持人，参加人员为各班组主管和员工，由副经理做会议记录，经理不在时由副经理主持早会。

第三条　会议主要内容

1.前厅经理对昨天的工作情况进行总结报告，指出工作中出现的问题，提出改正方法。

2.前厅经理传达酒店高层会议的内容及工作要求，根据前厅部的实际情况进行分析。

3.前厅经理及各主管布置部门当日工作重点，提出要求，并征询员工意见。

4.前厅部各主管汇报重要工作事项，由前厅经理作出评点和指示。

第四条　会议守则

1.所有相关人员应积极参加，无特殊情况不得缺席。

2.所有与会人员要认真做好会议笔记，对与自己工作相关的内容要重点关注。

3.不得交头接耳，大声喧哗。

4.所有与会人员在开会前应对议程有一定准备，尤其是涉及本部门的情况。

5.如有疑问或意见，应当场提出、当场解决，以免拖延造成损失。

6.副经理应及时准确地记录会议内容，送交前厅经理审阅并签字存档。

第五条　会议要求

前厅经理、副经理及各位主管要将早会中提到的各项要求落实到位。

早会管理制度要让每个员工都清楚地知道，只有按规定做，大家才能遵循同一个标准，一起将早会开好。

四、每日巡视工作

巡视工作是前厅经理每日必做的事情。通过巡视，前厅经理可以对员工的仪容仪表、精神面貌、大堂环境及待售房间等进行仔细了解，尽可能多地发现存在的问题，并及时予以解决，以保证每天的工作顺利进行。

（一）员工情况检查

1.仪容仪表检查

对下属的仪容仪表检查可参照本章第二节中前厅经理每日形象自检表。

2.员工工作情况

（1）检查员工是否在岗，员工仪容仪表是否符合要求，确保前厅部各服务岗位无脱岗、串岗现象，员工服务热情。

（2）督查员工工作纪律，确保按章办事，规范化服务。

（二）大堂巡视

大堂是酒店的“脸”，也是前厅部的主要工作场所，前厅经理在检查时必须格外重视。大堂要保持秩序正常，气氛舒畅，遇到不协调的情况应立即采取措施进行解决，具体的巡查事项及处理措施，如表1–8所示。

（三）待售房间巡查

前厅经理在每日的例行巡视中，要对空房进行抽查，以保证客房的质量。检查内容如表1–9所示。本表参照了国家旅游局关于酒店星级评定的最新标准（《旅游饭店星级的划分与评定》GBT14308–2010）。

表1-8　大堂环境巡查

序号	巡查项目	检查内容	处理措施
1	地板及各公共服务场所地板	是否干净、整洁	发现脏、乱现象立即亲自处理或通知相关部门派人处理
2	台面、烟灰缸	是否干净、整洁	发现脏、乱现象立即亲自处理或通知相关部门派人处理
3	礼宾台摆放资料处	（1）酒店简介、房价表、报纸是否摆放整齐 （2）各处酒店名片是否摆放正确、整齐 （3）前台垫板是否摆放合理	发现不合理处立即纠正
4	时间牌	时间、天气、日期是否正确	发现不正确则立即调准
5	前台鲜花	是否按时更换	如没有则通知相关部门，要求花店送花更换
6	公用电话处电话簿	是否摆放整齐，电话是否放好	如有不妥立即纠正
7	大堂吧	是否整洁，餐具等是否摆放合乎规范	如有不妥，立即让服务员纠正
8	大堂卫生间	是否良好	如果不好，则立即通知PA进行处理
9	各处绿色植物	是否摆放整齐，是否干净	发现不妥则通知PA进行处理
10	大堂所摆欢迎牌、指示牌	是否正确、有效	如有差错则立即更改，如过期则请礼宾搬走
11	门口所挂横幅	是否正确、有效	有错则通知工程部更改，过期则通知收走
12	喷泉	是否正常	水太浅则通知前厅人员放水，如有工程问题及时通知工程部检修

表1-9　客房巡检表

序号	巡检项目	巡查内容	整改措施	备注
1	房门	（1）门锁是否有异响，“请勿打扰”灯是否正常 （2）门号牌是否松动，铜面是否擦亮，字迹是否清晰 （3）门锁开启是否正常，保险舌有无失灵 （4）门活页是否正常，是否变形或有异响 （5）防盗链是否松动 （6）门磁吸是否松动、损坏 （7）门上的油漆有无脱色、破损或脚印		
2	空调	（1）空调出风口、排风口有无发出噪音 （2）隔尘网是否干净		
3	衣柜	（1）保险箱是否有电、正常 （2）衣柜门能否关紧，有无变形、松动 （3）衣柜门碰灯开关是否正常 （4）衣柜内的衣杆有无松动、生锈 （5）衣柜内的墙纸有无脱落、翻翘 （6）衣柜门的把手是否完整		
4	组合柜	（1）行李柜表面地毯有无脱落及烟洞、污迹 （2）行李柜有无松动、破损 （3）电视机开启、关闭是否正常，有无异响或图像是否清楚，线路是否完好		

（续表）

序号	巡检项目	巡查内容	整改措施	备注
4	组合柜	（4）台灯灯泡是否完好，开关是否正常，有无破皮等 （5）壁画有无破损 （6）梳妆镜的镜面是否完好，镜框是否完好稳固 （7）梳妆镜的灯是否完好、稳固 （8）冰箱、柜开关是否正常，有无变形、松动等 （9）冰箱插座是否插好，外壳是否完好，是否按调试规定调试		
5	阳台窗台	（1）玻璃窗开启、推拉是否顺畅，有无松动、破损 （2）窗台顶有无水迹、脱落		
6	窗帘	（1）窗帘钩是否齐全、有无脱钩现象 （2）窗帘有无破损，长短是否合适		
7	咖啡台	（1）圈椅是否稳固，有无破损 （2）咖啡台是否稳固，有无破损		
8	床	（1）床上用品是否完好，有无破损 （2）床架是否稳固，床脚有无损坏 （3）床垫有无变形、损坏		

（续表）

序号	巡检项目	巡查内容	整改措施	备注
9	床头板	（1）床头板是否稳固，有无破损 （2）控制板有无松动 （3）电话机是否正常，有无异响或破损 （4）灯光调节开关是否正常，按钮有无松动		
10	地毯	（1）地毯是否完好，有无烟洞或破损 （2）地毯边角有无翻翘		
11	墙纸	有无霉斑、污渍、翻翘、破损		
12	空调	调试开关是否正常，开启后有无异常情况，并按要求调试		
13	卫生间	（1）门有无破损、变形、异响、松动 （2）门锁是否正常，有无松动 （3）门开启关闭是否正常 （4）云台、面盆是否有破损、污渍 （5）水龙头开关、活塞的开启是否正常，有无冷热水，管道是否畅通 （6）面巾架有无松动、破损 （7）灯光是否正常 （8）镜面有无损坏 （9）电话机有无破损及异响		

（续表）

序号	巡检项目	巡查内容	整改措施	备注
13	卫生间	（10）卷纸架是否牢固、完好 （11）垃圾桶是否完好无破损 （12）马桶盖开启是否灵活 （13）马桶水箱冲水是否正常，内部机件是否正常 （14）马桶盖板与马桶座连接处有无松动 （15）马桶内有无流水现象 （16）马桶基座是否完好、有无松动 （17）地漏是否畅通 （18）浴缸水龙头开关是否正常及花洒出冷热水是否正常，两者是否稳固 （19）浴帘杆是否松动，有无变形 （20）浴巾架是否有松动 （21）浴缸上方的皂台是否稳固 （22）浴缸内是否有破损、掉瓷、裂缝 （23）防滑垫是否有霉斑 （24）卫生间地板是否完好、干净 （25）天花板有无变形、生锈、漏水 （26）防水雾灯是否正常 （27）排风扇是否正常，有无异响		

五、常用表格与表单管理

前厅部的管理主要是通过各种制度和计划，将前厅的服务工作科学地组织起来，完成酒店预订的目标。因此，前厅部经理在日常工作中要及时掌握情况，制定、检查和调整各种计划和措施。所有这些都离不开原始的记录。

特别提示：

表格和报表是实行规范化管理的一种常用手段，备用以供员工及时具体地记录各种原始数据，为前厅部经理考核员工业绩、控制营业费用提供准确的信息。

（一）实行规范化管理和操作的保证

整理前厅、检查前厅的表格和报表是按照前厅部规定的服务质量标准设计和制作的。

（1）前厅经理和员工在进行整理、检查前厅的工作中，都必须填制必要的表格和报表，这样就可以使他们按服务标准、服务程序和规定方法办事。

（2）由于表格和报表都是用事实和数据说话，可以定性定量地反映客观事实，用以评估前厅的整理、检查质量的高低，揭示前厅部运转的规律，从而及时发现服务和管理中存在的问题，为前厅部实行科学管理提供客观依据。

（二）考核的依据

前厅整理和检查的表格和报表是关于前厅服务和管理活动的各种原始数据和事实的真实记录，是对前厅部员工进行评估和考核的依据。

（三）控制成本手段

前厅部可以通过服务员工作报表和领班报表控制每个员工的使用，达到既满足客人需要，又降低营业成本的目的。

（四）常用表格

因为酒店的等级、规模及经理管理风格的不同，所以在常用的表格中，散客离店登记表、订房表、交接班记录表等都很重要，如表1-10至表1-17所示。

（五）表单管理

1.分级归口管理

前厅部常用表单必须在前厅经理领导下实行分级归口管理，主要包括以下四个要求：

（1）表单要统一设计、统一审查、统一编号。

（2）内容要科学合理、简明易懂。

（3）数字要真实准确，项目含义和计算方法要符合统一规定，数字的来龙去脉要做到有据可查。

（4）根据业务分工将表单分别划归各业务部门、各岗位进行填写整理。

2.建立表单记录责任制

前厅部的表单从记录到检查核实，从保管到加工整理，都要有专人负责，形

表1-10　散客离店行李登记表

房号	客人姓名	收取行李的行李员	收到行李时间	行李件数	客人离店时间	是否结账	送客行李员	备注

表1-11　快速退房表

房号	
姓名	
离开日期	
信用卡种类	
信用卡号码	
签名栏	
如果您希望将账单寄至您指定的地方，请填妥下面资料。	
姓名	
公司名称	
住址	
注意事项：	

随手札记

表1-12　订房表

称谓：	
抵达时间：	离开时间：
预订到达时间：	班机号码：
房间形态：	房号：
住房人数：	房价：
联络人姓名：	住址：
公司名称：	
电话号码：	住址：
付款方式：	保证订房：
信用卡号码：	
确认与否：	
附注：	
经手人：	日期：

表1-13　预订抵达客人名单

姓名	需求	房价	抵达日期	附注

表1-14　前厅交接班登记表

<table>
<tr><td>营业情况</td><td colspan="6"></td></tr>
<tr><td>特殊客人情况</td><td colspan="6"></td></tr>
<tr><td rowspan="3">到店团队情况</td><td>团队编号</td><td>团队名称</td><td>到店情况</td><td>欠办事项</td><td colspan="2">备注</td></tr>
<tr><td></td><td></td><td></td><td></td><td colspan="2"></td></tr>
<tr><td></td><td></td><td></td><td></td><td colspan="2"></td></tr>
<tr><td>外出客人房间</td><td colspan="6"></td></tr>
<tr><td rowspan="2">交班人</td><td>接待处</td><td></td><td rowspan="2">接班人</td><td>接待处</td><td colspan="2"></td></tr>
<tr><td>询问处</td><td></td><td>询问处</td><td colspan="2"></td></tr>
<tr><td>预订情况</td><td colspan="6"></td></tr>
<tr><td rowspan="3">客人留言情况</td><td>姓名</td><td>房号</td><td>留言人</td><td>留言时间</td><td>保留时间</td><td>交办情况</td></tr>
<tr><td></td><td></td><td></td><td></td><td></td><td></td></tr>
<tr><td></td><td></td><td></td><td></td><td></td><td></td></tr>
<tr><td rowspan="3">房间特殊情况</td><td colspan="2">无行李房间</td><td colspan="4"></td></tr>
<tr><td colspan="2">未办续住房间</td><td colspan="4"></td></tr>
<tr><td colspan="2">特殊房间</td><td colspan="4"></td></tr>
<tr><td>其他情况</td><td colspan="6"></td></tr>
</table>

表1-15　客人住宿登记表

抵达日期		离开日期	
抵达时间		房间数	
房间形态		房价	
住房人数		预付订金	
房号		套装产品	
姓名/称谓		住址	
证件及号码		公司住址	
国籍		住宿原因	
付款方式	□现金　□公司付款　□信用卡　□住宿券　□旅行社　□支票		
下一个目的地			
旅客签名栏			
接待人员签名栏			

声明事项：

(1) 离店时间是中午12:00以前

(2) 账单已包含税。个人支票如果没有适当的资料恕不接受

(3) 对个人财物的保管，依据国家的相关法规执行

(4) 请将个人的重要财物放置于保险箱内

随手札记

表1-16　客房状态清单

房号	客人姓名	客人人数	住宿日期	退房日期	状态

表1-17　次日预期离店客人名单

预期离店日期			
姓名	房号	入住日期	备注
制表人		日期	

成一个系统的原始记录网。日常表单要求员工在工作进行过程中或工作结束时立即按规定填写，需汇总的表单一般要求在规定的时间进行填写，并按规定的流程及时传递。

3.加工整理表单，形成管理资料

表单记录的只是一种原始资料，必须进行加工整理，才能成为系统的管理资料，使表单发挥应有的作用。原始记录的整理一般分为三个阶段，如图1-7所示。

六、前厅员工日常工作管理

（一）打卡监控

前厅经理每天需要注意的一个日常工作程序是打卡监控。在招聘员工时，就应该告诉他们是几小时工作制。有些酒店规定8小时为一个班，包括工间休息和午餐时间。有些酒店要求员工在午饭前打一次卡。

前厅部的上班时间还可以这样安

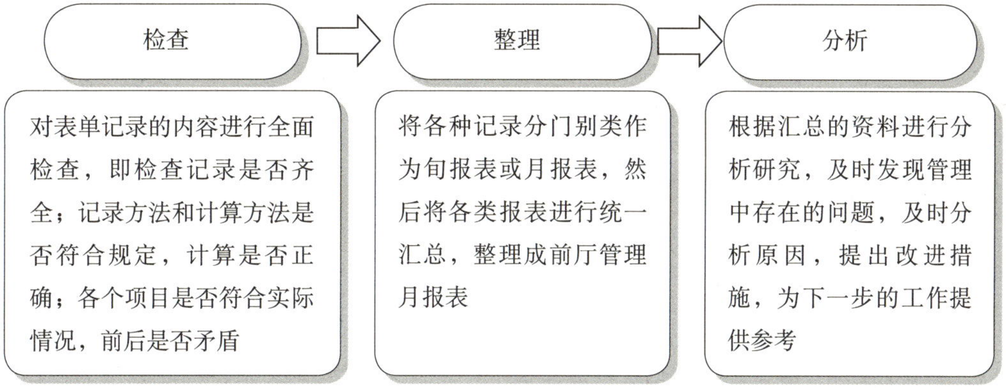

图1-7　原始记录的整理阶段

排：员工在酒店停留的时间为8.5小时，包括2次工间休息，每次15分钟，这30分钟算在上班时间之内；但员工必须在打卡之后再进午餐，用自己的时间进午餐，这样就凑成了8小时的净工作时间。尽管这种时间安排已经非常明确，但还是要求员工在上下班时和午餐前后打卡。

有些员工虽然也明白上午8:00开始上班，但他们可能在7:45就提前打卡上班，并希望按照工卡上的实际工作时间付给他们工资。因此，前厅部经理有必要制定出有关超时工作、提早上班和推迟下班的规定。除非是前厅部需要员工提前上班（这时会通知员工提前打卡上班，并付给他们因提早上班而应得的工资），否则，在上午7:55～8:05之间打卡将被认为是上午8:00打卡上班。这个规定同样适用于下班打卡。

（二）督导工作

督导是指负有一定责任的管理者对其下属的工作实施以检查、监督、指导为主

随手札记

的一系列管理行为。

1.督导的工作内容

督导工作包括：仪表仪容、岗位纪律、服务程序、服务规范、服务标准等方面。仪表仪容主要指服务员的外表，包括容貌、姿态、服饰、风度等。岗位纪律专指服务员在岗期间遵守纪律的情况，具体要求可参照本章第二节中每日形象自检。

特别提示：

服务程序包括工作流程和操作规程。工作流程是指某岗位员工的全部工作内容及工作环节的先后次序。操作规程是指各种设备和器具的操作顺序和操作技术，包括设备的使用、维修和保养，也包括用具的使用方法。

2.督导管理方法

督导管理的基本方式包括制度管理、标准化管理、现场管理、表单管理。

（1）制度管理。

制度管理是通过工作纪律、服务程序、服务规范等强制推行的规章制度对员工的服务工作进行检查监督的一种管理方式。制度是酒店内部员工行为的准绳，它规定了员工在工作期间可以做什么、不可以做什么以及应该怎样做。酒店的基本制度有三个方面，即员工手册、岗位责任制和经济责任制。

（2）标准化管理。

即前厅部对前厅服务工作制定出具体的量化标准，并以这些标准对服务工作进行检查、监督、指导的管理方式，如前厅部对客服务质量标准，可参照本书第五章相关内容。

（3）现场管理。

为了保证前厅各环节工作的有效衔接和各岗位员工工作质量的稳定，督导管理人员必须深入现场，随时检查，随时示范指导，使督导工作能够落到实处。

（4）表单管理。

即通过各种报表、单据所提供的信息资料进行检查督导的管理方式。这里说的表单包括上级对下级的指令单、活动通知单等，也包括下级对上级的报告书、建议书、统计表、工作日志等文字材料。表单管理的优点是信息传递准确，有案可查，不易遗忘，不易发生扯皮现象。

七、与酒店其他部门协调工作

酒店是由前厅部、客房部、营销部等一系列部门构成的一个有机整体。要想这个整体取得最好的效益，需要所有这些部门通力合作，彼此协调，使各部门信息得到充分交流。因此，与其他部门之间的有效沟通就成为前厅经理的一项很重要的日常工作。

（一）前厅经理与餐饮部

前厅经理在处理客人预订事务时，往往会与餐饮部共同协商入住客人的饮食问题。这是一项非常重要的工作，前厅经理必须仔细安排好部门人员与餐饮部协作，避免出现差错。

（1）前厅部预订处获得“团队预订单”后，应立即填写“餐饮预订通知单”送餐饮部。如有变更，预订处应立即通知餐饮部。

（2）团队到达后，前厅部接待处向陪同询问第二天早餐时间。在把就餐地点告诉陪同的同时，迅速通知餐饮部预订处，并填写团队名单（包括用餐人数、用餐时间），复印一份后送餐饮部。如人数有变，接待处应填写“膳食变更通知单”，再送餐饮部预订处。

（3）当有未预订的房价包早餐的散客登记时，前厅部接待处将发“膳食通知单”到餐饮预订处，并向餐饮部预订处询问客人用餐地点。之后餐饮部预订处应以备忘录形式作书面通知；如其延长住宿，接待处应填写“膳食变更通知单”送餐饮部预订处，餐饮部预订处以备忘录形式通知接待处用餐地点。

（4）若预订客人为VIP，前厅经理要特别注意，甚至亲自与餐饮部经理协商安排VIP客人的用餐事宜。

（5）接待处每日夜班复印一份贵宾来访通知单给餐饮部，通知餐饮部第二天到达的VIP客人情况，内容包括VIP级别、特殊要求等。

（6）当天新增的VIP客人，前厅部接待处先电话通知餐饮部，再填“礼品单”送餐饮部。

（7）前厅部每天要向餐饮部通报免费就餐、免费提供饮料的客人的姓名、房号、优惠日期、时间、指定餐厅、签发人，并填写相应单据。这些涉及财务的事宜，前厅经理须多加留意，以免出现账单错误。

（8）贵宾来到，前厅经理应指示接待处立即通知餐饮部预订处。

（二）前厅经理与保安部

（1）如有接VIP客人的任务，前厅经理须事先向保安部发出通知。保安部在整个接待期间对楼层、公共区域、车道等处做好安全保卫工作。

（2）总机二次叫醒无效后，前厅经理应安排大堂副理前往客房叫醒；若无反应，房门反锁，大堂副理须通知值班保安

随手札记

主任/领班一同开锁进房。

(3) 23:00以后滞留在客房内的访客，先由前厅接待员用电话请其离开；如无效，再由大堂副理或前厅经理与保安人员一同上楼劝其离开客房。

(4) 在大堂巡逻的保安部员工须与前厅部员工一起努力保持好大堂的宁静气氛，并做好事故防范工作。

(5) 酒店区域内的交通指挥工作以保安部为主，前厅部行李员应做好配合工作。

(6) 发现易燃、易爆物品及客人逾期行李，前厅经理应控制好现场，通知保安部处理。

（三）前厅经理与客房部

前厅经理与客房部的协调工作主要通过指挥行李处、接待处与客房部楼层互相配合实现。同时，前厅经理还需随时与客房部就房态信息保持沟通，避免出现重房等情况，给酒店造成损失。

部门之间协作的具体工作内容，如表1-18所示。前厅经理需对工作过程保持

表1-18 前厅部与客房部的协作

组别或人员	协作事项
楼层与行李处	(1) 团队客人行李进房间。如客人在房间，行李员可直接把行李送进客人房间；如客人不在房间，前厅部接待处通知客房部，客房部再通知楼层服务员陪同行李员送行李至客人房间 (2) 团队客人行李出房。退房时，团队客人的行李放在房门口，由行李员把行李搬出楼层；如客人不在房间，须由楼层服务员陪同进房间 (3) 散客行李进房、出房。散客行李进房、出房时，如客人在房间，不需要楼层服务员陪同进房；如客人不在房间，须由楼层服务员陪同进房间 (4) 行李员给客人送报纸应从客房门底缝下塞入 (5) 客人换房时，变更单的一联由行李员交楼层值班台，由楼层值班台通知楼层领班 (6) 客人换房时的行李进房。如客人在房，由行李员带上新房号的钥匙换下原房号的钥匙，并替客人开门，送行李至客人房间；如客人不在房，则由楼层服务员开门后，行李员在楼层服务员陪同下送客人行李至客人房间
楼层与接待处	(1) 客人办理入店登记手续，无论是团队客人还是散客，前厅部都要立即电话通知楼层值班台 (2) 客人离店。如果客人在中午12:00前退房，但中午12:00后还没离店，楼层应通知客房部，客房部电话通知前厅部；前厅部接待处在与客人确定何时离店后，用电话通知楼层值班台。散客正常退房时，客账处应立即通知楼层值班台，让值班台查实客人是否用过小酒吧内饮料，领班再将信息反馈给客账处。住店一天的客人在18:00前退房，由前厅部通知楼层值班台 (3) 关于VIP的接待。前厅部接待处一旦接到VIP到来的通知，要立即通知客房部，并说明VIP到店的确切时间。前厅部要把每天接到的VIP报告送楼层值班台。VIP到来前的查房由客房部负责，鲜花应事先送到客房，水果则由送餐服务员负责送。VIP进客房后，楼层服务员要送欢迎茶；如果在送鲜花、水果到房后VIP却未到，接待处应立即通知楼层值班台和送餐服务处

关注，以便随时对发生的问题予以解决。对级别较高的VIP客户，前厅经理应亲自出面接待，并处理与客房部的协作问题。

（四）前厅经理与营销部

销售客房是前厅经理的一个重要任务，因此，与营销部进行紧密协作便成为前厅经理必不可少的工作。

（1）经主管副总经理或营销部经理签字给予特殊客人房价折扣或免收房租的委托书，前厅经理收到后要根据要求予以安排执行。

（2）前厅经理应与营销部协调制订客房销售计划。

（2）前厅部预订处须在每月末向营销部递交一份下个月的住房情况通报。

（3）前厅部预订处应在每月的第一天向营销部递交一份上月的住房情况表。

（4）当订房出现超饱和时，前厅经理须将信息及时传递至营销部，由双方共同负责向本市其他酒店推荐团体客人或散客。

（5）前厅部预订处接受的散客预订，如未同本酒店签过合同的，应填写销售合同交给营销部。

（6）前厅部商务中心所接到的有关订房的电传须及时递交营销部。

特别提示：

前厅经理在带领前厅员工销售客房业务过程中，若遇到问题，应随时向营销部询问。

（五）前厅经理与财务部

一切涉及财务的事宜，前厅经理都应特别重视，要时刻督导前厅各员工在与财务部协作过程中应小心谨慎，避免因为疏忽大意而造成损失，同时还要积极解决出现的账务问题。具体工作内容如表1－19所示。

随手札记

表1-19　前厅部与财务部的协作工作

序号	组别或人员	协作事项
1	接待处	(1) 预订客人登记后，接待员应将该客人的登记卡第三联交前厅部收银处 (2) 若向客人预收房费，接待员应在登记卡上填明预收的天数，同时将该客人的钥匙和房卡一起交收银员 (3) 若客人登记时使用信用卡，则验核（查阅黑名单）和压印信用卡由接待员处理，但要将“信用卡签购单”各联交收银处。钥匙与房卡也由接待员交客人，接待员还应对信用卡的检查承担责任 (4) 若客人登记时给予折扣的，由接待员填制“折扣单” (5) 团队结账时，团队成员中有个人赊欠消费还未前来结账的，此时团队亦未离店，则由前厅部收银员通知行李员，告诉其客人的房号、姓名，请行李员通知客人前来结账
2	大堂副理	(1) 当工程部准备在贵重物品保管室内维修设备时，收银员应通知大堂副理 (2) 客人住店期间，因各种原因需客人前来付款，而由行李员送上第一张“付款通知单”后，过了一定时间客人还未前来付款的，由收银员通知大堂副理，请其协助催收，并将第二张“付款通知单”交大堂副理
3	商务中心	(1) 商务中心服务员应将住客签字账单“客人联”送前厅部客账处，随附“账单签收记录”一式两联，由前厅部客账处核对签字后，填写签收记录，并将相关联交给商务中心，而将现金交出纳 (2) 商务中心服务员在当天最后一班下班时，将“商务中心收入控制表”及“商务中心收银报告”，附上付款凭证及相关联一起送值班经理 (3) 商务中心每月最后一天对营业消耗物品盘点，填制“财务盘点表”，于第二天 9:00 交收银处 (4) 客人在商务中心拨打长途电话后，收银员须向商务中心提供通话时间及收费金额 (5) 其他部门来商务中心发电传，须登记并填写账单，作挂账客人处理；其他部门如需在商务中心复印，也须登记，复印 50 张以上，须有部门经理签字；如需在商务中心打字，登记后，由部门秘书自行操作

八、做好客房状态控制工作

（一）定期检查

客房状态的控制主要是指对客房状态的定时检查、核对和分析，通过与客房部合作、沟通和协调，及时发现并解决问题，保证客房销售和对客服务顺利完成。

前厅记录显示的客房状态同客房部查房结果不相符合的情况叫做客房差异状态。客房差异状态有两种，一种叫逃账房，另一种叫沉睡房。逃账房指前厅显示为住客房，而客房部查房报告则显示为空房；沉睡房则恰好相反，前厅显示为走客房或空房，而客房部则发现房内有人。

为了防止客房差异状态的出现，前厅经理应采取以下措施：

（1）制定完善的客房状态检查和控制制度，杜绝可能出现的漏洞，尽量避免客房差异状态。

（2）加强管理，通过系统培训提高员工的业务素质和业务技能，加强管理人员对一线员工工作的监督与检查，减少可能出现的工作差错，保证正确地显示客房状态。

（3）认真分析，确认差异的原因，迅速采取有效措施加以解决，保证客房状态的正确显示。

（二）不定期检查房态控制表格

对于已使用计算机系统管理的酒店，控制房态是比较容易的，其房态变更和转换过程是实时和自动的，屏幕显示直观，一目了然。而采用传统的客房状况控制架及信号灯显示系统等手工控制房态的酒店，则比较复杂和困难，而且容易出现差错，主要采用变换客房状况卡条，按时正确填写和交换、核对控制表格，加强多方信息沟通等方法来控制房态。

房态控制表格种类，如表1－20所示。前厅经理要经常抽查、核对这些表格，以便了解客房的实际状况。

（三）加强房态控制信息沟通

（1）销售人员、预订人员、前厅接待员之间保持信息沟通顺畅，并及时调整、纠正偏差，确保客房预订显示系统的

随手札记

表1-20　房态控制表格

序号	表格类别	作用或要求
1	客房状况报告	接待员每日在规定时间内，依据客房状况架显示的各种房态及预订资料进行统计，并定时填写此表
2	客房状况调整表	接待员填写此表具有两方面作用：一是有助于接待处与预订处之间的信息沟通；二是有助于前厅掌握临时取消预订、未预订抵店、延期离店、提前离店的客人情况，从而有助于做好客房销售工作
3	客房状况差异表	此表是反映前厅记录显示的各种客房状态与客房部统计结果所存在差异的表格。接待员依据客房状况显示架所显示的各种状态，核对客房部按规定时间送来的报告后填写此表。前厅将此表副本送达客房部，然后再予以核实确认

准确性。销售人员、前厅接待根据季节和市场需求变化，以及组织制定的推销、促销活动的开展情况，及时研究客房销售的预测、政策、价格等问题；尤其在旺季，还应就团体客人、散客预订客房的占用比例达成一致意见，保持最佳客房出租率和理想的平均房价，以求获得最佳的经济效益。

（2）前厅接待员将每天实际出租房间数、临时取消、预订未到、换房、提前离店、延期离店等信息填入客房状况调整表，并提供给销售预订员，预订员根据该表格更新、补充、取消预订汇总表相关内容，为准确预测未来的出租率奠定良好的基础。

（3）客房部、前厅接待之间保持信息沟通顺畅，以掌握各种客房状态的变更和差异，并及时纠正偏差，确保客房现状显示系统的准确性。

（四）要及时转换与核对客房状况

现时的客房状况总是在不断变化的，这就要求接待处要随时掌握客房动态，及时传递房态变化的信息。前厅经理应做好检查工作，如图1-8所示。

九、开展客房推销工作

（一）成功推销客房的前提

推销客房是前厅的重要职责，前厅经理应当带领前厅员工做好该项工作，将其视为每天的重点工作内容，为酒店创造更多收入。

成功推销客房的前提，如表1-21所示。

（二）前厅人员推销客房要领

1.必备知识

推销酒店，不仅对客房设施熟悉，而且还要对该地区的旅游景点、旅游吸引力以及名胜古迹、风味小吃等都要熟悉，并详细告诉客人，向客人推销。介绍好的旅

入住	客人在办理完入住登记手续后，接待员应立即制作客房状况卡条，将“空房”改为“住客房”，或将资料输入计算机，完成计算机系统的房态变更。因此，这项操作不能粗心大意，否则，就会影响客房状况控制的准确性
退房	为客人办理完结账和退房手续后，应立即通知客房部，同时改变客房状态。采用计算机管理系统的酒店，此项工作可实现将房态由已结账房到待清扫房的自动转换
关闭楼层	酒店根据淡季时接待客流量下降、降低能耗和物耗、计划维护设备、组织人员培训等经营需要，关闭部分客房和楼层。接待员应在接到准确的指令后，在计算机或客房状况架中及时进行调整
核对房态	由于前台的工作量较大，而且客房状态经常处于变化之中，虽然酒店可以通过计算机进行查询，掌握客房的现时状态，但是，由于工作可能出现差错，造成前台接待的房态与客房实际房态不符。因此，前厅必须进行房态的核对，以防止重复售房等现象的发生

图1-8　前厅经理应做好检查的工作

游景点，这样可以延长客人停留的时间。

2.努力争取客源

努力争取客人再来酒店入住。假若本酒店是属于某连锁酒店集团下的一个分店，要向客人推荐和介绍本连锁酒店集团，办理客人到下一旅游目的地的连锁分店，这样既方便了客人又能较好地控制客源流向。

随手札记

表1-21 成功推销客房的前提

序号	类别	内容
1	制定有针对性的推销策略	对于前厅接待人员来说，服务对象是复杂的，要在接待过程中成功地将客房及酒店其他产品推销给客人，应先识别客人，了解不同类型客人的需求，据此制定出有针对性的推销策略，以吸引客人。常见的推销策略有散客推销策略、商务推销策略、旅行社系列推销策略以及会议、团体推销策略
2	制定灵活的价格策略	价格是酒店参与市场竞争的主要手段之一，制定合理而灵活的价格政策是酒店在竞争中取胜的关键。常见的价格策略有常客价、会员价、批量价、季节价和机会价等

3.了解客人常问的问题

客人通常问的问题包括下列内容：

（1）离这里最近的教堂在什么地方？

（2）你能为我叫一辆出租车吗？

（3）离这里最近的购物中心在什么地方？

（4）我要去最近的银行，从这里怎么走？

（5）我要去看电影，怎么走？

（6）本酒店办理离店结账是什么时间？

（7）哪里有比较好的中国餐厅/墨西哥餐厅/法国餐厅？

（8）洗手间在哪里？

（9）附近有旅游景点吗？

4.建立信息库

前厅员工要有广博的知识，同时要建立实用信息库，人手一份，当被客人问到回答不出来的问题时，是很尴尬与失礼的，甚至会影响酒店声誉。

5.必知问题

掌握有关店内设施及当地情况的业务知识，以便客人提问时能很有礼貌地予以详细回答，并且推销酒店服务。

（1）酒店各项服务的营业或服务时间。

（2）车辆路线、车辆出租公司、价格等。

（3）航空公司的电话号码。

（4）地区城市地图。

（5）本地特产。

（6）名胜古迹。

（7）其他。

6.推销客房

推销客房时，要建立在可以实现的基础上，必须用令人信服的语言来表达，描述向客人提供选择的客房和入住场所的情况。充分介绍酒店的客房及各种服务设施与服务项目。

在实际推销中要特别注意向客人提供的客房等级要符合客人的实际情况，并不一定要先向客人推销高价房间。前厅人员不能与客人进行讨价还价，而是要按照酒店公布的报价来推销。

7.与客人建立良好的关系

客人到店时，应向客人表示欢迎，并向客人介绍本酒店的情况，客人有什么疑难，要及时帮其排忧解难。若客人因某种原因改变住店计划，也应热情为他介绍其他的酒店，有的客人需要酒店资料或者了解情况，要热情接待，尽量满足他们的要求，要认识到他们是酒店的客人或未来的客人，要给他们留下良好的印象。

特别提示：

投诉并不可怕，关键在于酒店要善于应对，要能够把投诉的消极面转化成积极面，通过处理投诉来促使自己不断提高服务质量，以防止类似投诉再次发生。同时，在应对一次次投诉中，酒店也可以不断积累经验，就算同类事件再次发生，也能妥善应付。

十、客人投诉处理

酒店每天都有大量客人进出，投诉状况可能每天都会发生，因此，处理好客人的投诉是前厅经理每日的重点工作。

客人对服务的需求是多种多样、千差万别的，不管酒店的档次有多高，设备设施有多么先进、完善，都不可能百分之百地使所有客人满意。因此，客人的投诉是不可能完全避免的。即使是世界上最负盛名的酒店也会遇到投诉。

不论是什么投诉，客人都可能找到前厅部，尤其是接待处来投诉，因为他们是通过前厅部接待处、预订处、行李处等部门协助入住酒店的。这就要求前厅部经理和员工对客人的投诉状况如投诉的原因、投诉类型和处理投诉的方法、原则等有充分了解，并能熟练掌握应对策略，以为酒店减少损失，增加收入。

（一）客人投诉的原因分析

客人不会无缘无故地投诉酒店，其中必有原因，具体有以下几条：

随手札记

1.对酒店某工作人员服务态度不满

对服务员服务态度优劣的甄别评定，虽然不同消费经验、不同个性、不同心境的客人对服务态度的敏感度不同，但评价标准不会有太大差异。尊重需要强烈的客人往往以服务态度欠佳作为投诉内容，其具体表现为：

（1）服务员待客不主动，给客人以被冷落、怠慢的感受。

（2）服务员待客不热情，表情生硬、呆滞甚至冷淡，言语不亲切。

（3）服务员缺乏修养，动作、语言粗俗、无礼，挖苦、嘲笑、辱骂客人。

（4）服务员在大庭广众中态度咄咄逼人，使客人感到难堪。

（5）服务员毫无根据地怀疑客人行为不轨。

2.对酒店某项服务效率低下的投诉

如果说以上投诉是针对具体服务员的，那么，以下内容的投诉则往往是针对具体的事件而言的。如餐厅上菜、结账速度太慢；前台入住登记手续烦琐，客人等候时间太长；邮件迟迟未送达，耽误客人大事等。在这方面进行投诉的客人有的是急性子，有的是要事在身，有的确因酒店服务效率低而蒙受经济损失，有的是因心境不佳而借题发挥。

3.对酒店设施设备的投诉

因酒店设施设备使用不正常、不配套、服务项目不完善而让客人感觉不便也是客人投诉的重要内容。如客房空调控制、排水系统失灵，会议室未能配备所需的设备等。

4.对服务方法欠妥的投诉

因服务方法欠妥，对客人造成伤害，或使客人蒙受损失，引起客人投诉。如夜间给大堂地面打蜡时不设护栏或标志，以致客人摔倒；客人延期住宿，总台催交房费时客人理解为服务员暗指他意在逃账；因与客人意外碰撞而烫伤客人等。

5.对酒店违约行为的投诉

当客人发现，酒店曾经作出的承诺未能兑现，或货不对板时，会产生被欺骗、被愚弄、不公平的愤怒心情。如酒店未实现给予优惠的承诺，某项酒店接受的委托代办服务未能按要求完成或过时不回复等。

6.对商品质量的投诉

酒店出售的商品主要表现为客房和食品。客房有异味，寝具、食具、食品不洁，食品未熟、变质，客人怀疑酒水是假冒品等，均可能引起投诉。

7.其他（酒店方面的原因）

服务员行为不检、违反有关规定（如向客人索要小费），损坏、遗失客人物品；服务员不熟悉业务，一问三不知；客人对价格有异议；对周围环境、治安保卫工作不满意；对管理人员的投诉处理有异议等。

（二）理智应对客人投诉

不管是哪种类型的投诉，前厅经理都应当理智对待。客人是酒店的衣食父母，自然有理由抱怨。前厅经理应能充分理解，并随时做好准备，接受客人的投诉。客人投诉时，应采取良好的态度应对，切不可粗暴无礼。

1.保持冷静的态度，设法使客人消气

处理投诉只有在心平气和的状态下

才能有利于解决问题。因此，在接待投诉客人时，要冷静、理智，礼貌地请客人坐下，再倒一杯水请他慢慢讲。此时重要的是让客人觉得你很在乎他的投诉，不要急于辩解，否则会被认为是对他们的指责和不尊重。

特别提示：

工作人员要与客人保持目光交流，身体正面朝向客人以示尊重。先请客人把话说完，再适当问一些问题以了解详细情况。说话时要注意语音、语调、语气。

2.同情和理解客人

当客人前来投诉时，工作人员应当把自己视为酒店的代表去接待，欢迎他们投诉，尊重他们的意见，并同情客人，以诚恳的态度向客人表示歉意，注意不要伤害客人的自尊。对客人表示同情，会使客人感到你和他站在一起，从而减少对抗情绪，有利于问题的解决。例如工作人员可以说："这位先生（女士），我很理解你的心情，如果是我可能会更气愤。"

3.对客人的投诉真诚致谢

尽管客人的投诉有利于改进酒店的服务工作，但由于投诉者的素质水平、投诉方式各不相同，有时难免会使接待者有些不愉快。不过假若客人遇到让他不满的服务，他不告诉酒店，而是讲给其他客人或朋友听，就会影响到酒店的声誉。所以当客人投诉时，酒店不仅要真诚地欢迎，而且还要感谢客人。

4.要维护酒店应有的利益

服务人员对客人的投诉进行解答时，必须注意尊重事实，不能推卸责任或随意贬低他人，应从酒店整体利益出发，避免产生矛盾，否则，客人会更加反感。

应当清楚，除非客人的物品是因酒店原因遗失或损坏应给予相应的赔偿外，退款或减少收费不是处理投诉的最佳方法。酒店的服务目标，应该是在客人满意最大化的前提下，达到企业利益的最大化。

随手札记

优质服务必须达到双方满意。酒店的经营者和普通服务人员均需牢记基本使命：为客人创造服务，为酒店创造价值。尽管有时服务人员在处理客人投诉时非常到位，以退款或减免收费的措施赢得了客人的满意，但如果服务成本过高而导致入不敷出，最终会对酒店的收益产生不良影响。

（三）投诉处理的流程

客人投诉一般是指客人将他们主观上认为是由于酒店工作的差错而引起的麻烦，或者损害了他们的利益等情况，向酒店有关部门、有关人员进行反映。每个酒店都希望向客人提供尽善尽美的服务，使每一位客人都满意，但事实上投诉是不可避免的。

酒店一般会制定处理服务质量投诉的原则、方法和措施。前厅经理应掌握投诉处理的程序，以便带领前厅员工熟练应付。具体处理流程如图1-9所示。

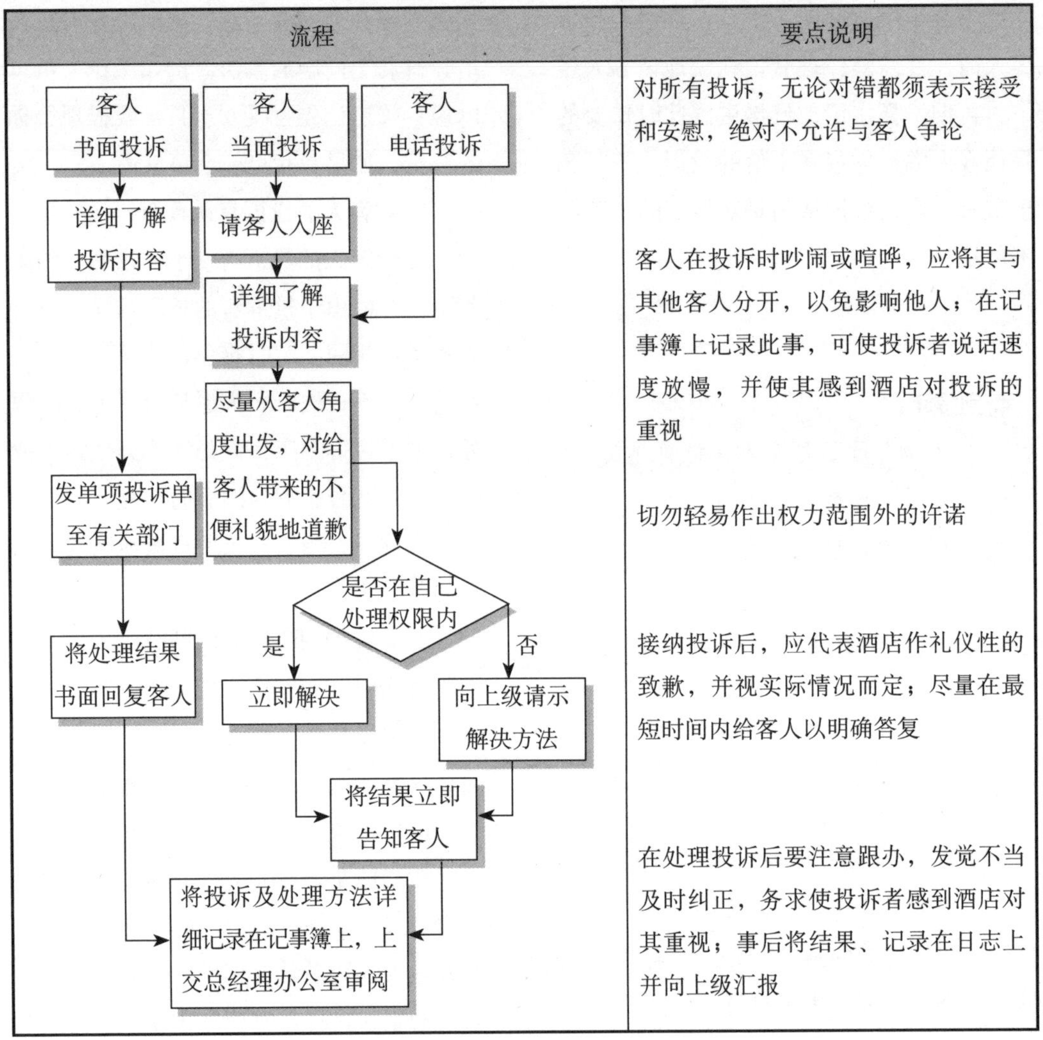

图1-9　投诉处理流程

（四）投诉处理技巧

客人在遇到不满的事情时，就会显得比较焦虑和暴躁。为此，前厅经理和前厅员工必须懂得宽容和设身处地地为客人着想。只有充分理解客人的角色特征，掌握客人的心理特点，并给予理解、宽容，才能打动客人的心而赢得客人的谅解。

对不同客人情况的应对技巧如表1-22所示。

表1-22　不同客人情况的应对技巧

序号	客人情况	处理技巧	备注
1	比较挑剔的客人	在投诉的客人中，有的爱表现自己的高明，他的投诉可能只是为了表现自己，显得自己很高明和很重要。服务人员必须迎合他的这种心理，给他提供充分表现自己的机会，帮助客人表现其长处，维护并隐藏客人的短处，从而使客人在酒店中获得更多的自豪感和成就感	
2	希望被特别关注的客人	有的客人希望被特别关注，服务人员必须像对待自己的朋友一样给予足够的关注，耐心地倾听客人的要求，提供真心诚意的帮助，让客人感到服务人员的关心是真诚的	
3	爱面子的客人	客人大多是爱面子的，往往以自我为中心，思维和行为大都有情绪化的特征，对酒店的看法往往带有很大的主观性，即凭自己的感觉加以判断。这类客人在投诉时，服务人员首先要肯定客人的投诉，承认酒店的失误，应注意给客人面子。对于客人无理取闹的行为，也应给予宽容和理解。只有将心比心理解客人，设身处地地为客人利益着想，想客人之所想，急客人之所急，才能赢得这类客人的理解	

随手札记

（续表）

序号	客人情况	处理技巧	备注
4	爱发号施令的客人	还有一类客人具有领导的某些特征，表现为居高临下、发号施令，习惯于使唤别人。为此，在处理投诉时，必须要像对待领导一样对待他，切忌怠慢、忽视客人。对于客人的无理要求或无端指责，服务人员同样要注意艺术，采取引导和感化的方法，甚至可让他参与投诉的处理决策，使客人感受到正确使用权力的快乐	

十一、前厅部常规事件处理

前厅部在开展日常工作过程中，会遇到一些常规事件，如住满时仍然有客人入住或客人提出更换客房等。这些事情可能每天都会发生，因为它们关系着客人的住店感受，因此，前厅经理要督促前厅员工做好对这些事件的处理工作。

（一）住满时应对订房客人

房间订满甚至超额预订，对酒店营业来说是大有益处的，对抢占市场也是必要的，但同时对订房的工作也造成了一些不利影响。一般情况下，要尽量避免拒绝客人的订房，尽可能用其他途径帮客人订房。如若双人房已满，则可向客人介绍其他类型的房间（如套房等）或暂作候补，待有房间时，再确认给对方；在万不得已的情况下，才拒绝客人的预订。这需要订房人员更透彻地去了解客人的心理，掌握预订情况，用友好、遗憾和理解的态度对待客人。一般情况下采用以下步骤：

（1）根据预订的情况，礼貌地拒绝客人。

（2）称呼客人的姓，并说对不起。

（3）讲述由于房间订满而无法安排，争取客人的理解。

（4）客人表示理解后，可建议客人订其他日子的房间或其他类型的房间，给客人留下良好的印象，为客人下次光临本店打下基础。

（二）散客订房若要求接车、接机

（1）坐国际航班来本市的客人，酒店派巴士免费接客人到店。

（2）如果客人指定派专车接或是从其他地方来本市的飞机或火车、船，必须要求客人以书面形式通知预订处订车。预订处人员要按照客人的要求回复客人，并报清楚车价。订车程序如下：

——填写“订车单”，注明时间。

——交车辆调度签收，“订车单”相关联交车辆调度员。

——登记在接送记录簿上，“订车单”相关联夹在订单后，待前一天主管与车辆调度员核对用车及接送记录簿后，将“订车单”的相关联（酒店代表联）夹在接送记录簿上。

——在“订车单”上注明，并相应地将信息输入计算机。

——主管检查。

——“订车单”归档。

（3）注意事项。预订处人员订车时要注意以下情况：

——必须在车务部有客人所订的车型的情况下，可接受客人的订车。

——查清所有订车所接的航班和车次的准确时间及终点站的准确地点方能订车。

——填写“订车单”，必须按其项目准确地填写清楚，字迹要端正、清晰，“订车单”要保持整洁。

——当天新增、更改、取消订车，必须立即通知车辆调度及酒店代表。

（三）团队当天取消或没有到达

1.当天取消团队

记录通知取消人的姓名、部门、日期、时间、取消团队的原因，通知接待处，在当天总表上取消团队住房，并根据合同通知财务收取违约订金。

2.订房没到

已作预订的客房，没有按其预订日期入住的客房，视为预订没到房。每天，早班装订上一天的订单时，把旅行社的预订没到房的订单交接待主管检查并签名，复印后连同附在订单后的订房资料一起交预订处当班主管签名，登记在“预订没到簿”后，交财务签收。

特别提示：

预订没到房的必须翻查旅行社所发来的订房资料是否与订单内容相符，且要通知销售部。

（四）处理超额订房

1.提高客房出租率

（1）核对房间报告、客房状况控制表、账卡及钥匙柜，可以增加客房的供应。

（2）检查应退房而未退房者。

（3）检查仍在修理中的房间。

（4）询问同一团队的住客是否愿意

随手札记

两人共住一房。

（5）是否有已占用的房间可以再利用。

2.检查订房通知

（1）订房单是否重复。

（2）日期是否有错。

（3）查核是否有给当日抵达的预订客人重复配房。

特别提示：

订房单有时会发生弄错姓名或日期错误，甚至发生预订的客人已入住，但误以为其未入住而保留了所订房间。

3.客房不足的处理

（1）无房间可分配给客人，则应预先安排客人至其他酒店住宿。

（2）由前厅经理出面处理，以示尊重。

（3）请客人到办公室向他解释，让客人感到礼遇。

（4）向客人说明超额订房于酒店的必要性，而客房供应不足的情况特殊，请求谅解。

（5）由酒店出车资或派车载送客人到所安排的住宿地点。

（6）向客人说明其行李、电话留言及其他事项，酒店将会继续为其服务。

（7）保证如有空出客房，会尽速接其回酒店住宿。

（8）接回时应附送鲜花、水果。

（9）由经理致歉；如客人不再回来，应再具函致歉，以示郑重。

（10）处理此种情况时，应视同客人抱怨的处理，以诚恳的态度解释、道歉，并请求客人谅解。

（五）为有异议的客人调整住宿条件

客人住进客房后，因设备故障或因其他原因要求更换房间，则前厅部必须执行一系列的换房程序：

1.派遣服务人员

如客人要求换房，经前厅部值班主管同意后，立即派遣相关人员携带欲更换的新客房钥匙前往协助。换房的服务人员可由行李员或各楼层的服务员进行，也可视各酒店规定而定。

2.填写换房单

（1）将所需更换的资料（如房号、房价、房间的种类、住客的姓名），在换房单上详细填写。

（2）通知其他相关部门。换房单作为其他相关部门执行作业的依据，必须详细填写，并签上接待员的姓名，以备查核。

3.相关部门的配合措施

（1）总机：更换总机房内住客索引架上的资料。

（2）前台：调整客房控制表上客房住客姓名及相关资料。

（3）楼层服务台：将客房控制表上住客姓名修正，并调整客房使用状态。

（4）出纳：将住客的账卡、订房

卡、登记卡修正调整（或修正存计算机中住宿基本资料）。

4.交回钥匙

服务人员将房间内客人的行李搬运完毕后，再将原房间整理好。调整客房的状态至“完成状态”，最后将钥匙交回前厅部。

5.接收钥匙

接待员在接到原客房的钥匙后，应放回钥匙柜中。

6.询问住客意见

一般用语：“×先生您好，这里是前台，请问您对新房间满意吗？”

（六）应对客人预订失约

对于未办理信用保证类预订的客人，如果是由于航班延误、交通、身体患病等客观因素或无法抗拒的原因而延迟入住时，接待员应根据排房、预留房及待租房具体情况，热情地接待这类客人，并对客人入住酒店表示感谢；而不能以“预订已被取消”、“现在无房”等言语简单、生硬地回绝。由于酒店自身原因未能满足已办理预订客人的要求时，接待员应首先向客人致歉，先安排客人在大堂或咖啡厅休息，采取积极措施，或由大堂副理亲自进行妥善处理。

（七）应对前来住宿的酒店“黑名单”上的人

酒店“黑名单”上的人主要包括曾经在酒店住宿，发生了一些不轨的行为（如在住店期间有偷盗行为、使用假钞和假信用卡实施欺诈行为和逃账行为的客人），损害了酒店和其他宾客的利益，不受酒店欢迎的客人。酒店遇到这类人前来住宿，应采取的措施是：

（1）发现可疑的“黑名单”上的人，迅速报告前厅部主管和经理。

（2）确认无误后，若是以前的逃账客人，追讨以前所欠的账目，否则拒绝其入住该酒店。

（3）若暂时不能确认，保持冷静和礼貌，请该客人在前台预付住宿费押金。

（4）通知酒店各相关部门密切注意其动向，若有不轨的行为立即通知相关部

随手札记

门处理。

（八）处理破损、错送或丢失行李

1.破损行李的处理

（1）客人到店时，行李员发现客人行李有破损时，应立即向客人或团队陪同说明，酒店对此不负有责任。

（2）客人提出需要协助维修已破损的行李箱时，行李员应听清要求，看清破损位置及程度，联系维修。

（3）行李员在运送行李过程中，由于不慎致客人行李箱磕碰、损坏，应立即向客人致歉，并根据破损程度尽快联系维修；实在无法修复的，应与客人协调赔偿事宜。

2.错送或丢失行李的处理

（1）行李员在收集行李过程中发现有送错的行李时，在反复核对后，应将多出的、暂无人认领的行李存入行李房，贴上标记并附上简要说明。纠正错送的行李时，应向客人致歉。

（2）同批行李中缺少或多出的行李，应在签收单上予以简要说明，同时与旅行社或交通托运部门联系，并查清原因。

（3）对于无人认领的行李、物品，应提高警惕，几个人同时在场共同打开。如是正常物品，应予以收存并妥善保管；如发现不正常迹象，应立即向酒店保安部门报告，不得擅自处理。

（4）对于收存的无人认领行李、物品，酒店规定最长保存期为6个月，到时仍没有人认领，则按有关规定另行处理。

（5）客人入住前或结账退房后，其行李、物品由客人本人保管，服务员可以提示客人保管好自己的行李、物品。如果客人再三要求行李员为其保管，可向客人说明，如有丢失酒店不负责任，并建议客人将行李、物品暂存行李房。

3.酒店不负责赔偿的前提

（1）因客人过失引发事故所造成的损失，酒店不负有责任。

（2）由于不可抗力如地震、火灾等事故导致客人财产的损失，酒店一般不负有责任。

（3）酒店应再三申明，请客人不要在客房及行李中存放贵重物品，如发生丢失，酒店不予赔偿。

（4）由于客人的原因房门未关严或未锁好而造成物品丢失，酒店不予赔偿。

（5）无法确定酒店必须负责的事故所造成的损失，如有些客人的财产损失找不到原因，或者不能肯定必须由酒店负责，则酒店可以少赔偿或不予赔偿。

（6）行李在进入酒店前的损失，由负责接待的单位或运输部门负责。

（九）结账时若发现客人所付款额中有假钞

（1）收银员发现假钞（包括假人民币和假外币）时，对客人的态度应保持礼貌，处理问题讲究技巧。

（2）请客人稍等片刻，立即报告前厅部主管或经理。

（3）将客人请入办公室，查清假钞的来源。

（4）如果客人使用的假钞数量不大（只有一两张），并且有合理的解释证明其并不知情，酒店可没收该客人的假钞并出具没收证明（要取得银行授权），同时请客人用真钞结清账后，在该客人的酒店住宿档案中进行记录以便备查。

（5）如果该客人使用的假钞面额大、数量多，甚至出现连号的情况，则应请公安部门协助调查，调查期间需请客人协助。

（十）处理超额消费

（1）酒店的催收工作由收银处负责处理，收银员要按照催款工作的有关原则与规定，及时进行对超额消费客人的费用催收工作。

（2）在催收工作过程中，应保持与保安部门的密切联系，及时提供相关信息，以便在必要时获得保安部门的协助，共同做好催收工作。

（3）在催收中，收银处应根据实际情况进行灵活处理，如可扣押客人证件或其他较为贵重的物品，到催收结束之后再予以归还。

（十一）应对客人提出换房

（1）了解换房原因。调换房间通常有以下几种情况：

——正在使用的房间在价格、大小、种类、噪音、舒适程度以及所处的楼层、位置、房号、朝向等方面不理想。

——客房设备设施损坏或出现故障，维修需要时间较长。

——现住客续住，影响到指定预订该房客人的入住。

——客人在住宿过程中，人数发生变化。

——其他接待任务。

由于酒店方面原因需要客人换房，接待员必须向客人解释清楚，求得客人的谅解与合作。

（2）查看客房状态资料，为客人安排房间。客人提出调换房间要求时，首先要通过计算机等查看客房状态资料，了解是否有符合客人需要的房间；如果暂时没有，则需向客人说明。若房间档次升高，则要加收房费（因酒店自身的原因要求客人换房时除外），并对给客人带来的不便表示歉意。

随手札记

（3）填写换房通知单。填写换房通知单，由行李员分送至客房部、预订处、收银处、总机等相关部门。这些部门应根据换房通知单修订原有资料。如客房部服务员接到此单后，按退房要求对原住房进行检查，并对腾空客房进行清扫；电话总机更改资料，方便电话转接；前厅部收银处接到通知单后，转移客账；问询处更改资料，方便邮件转交和访客查询；礼宾部及时协助客人提拿行李等。

（4）为客人提供换房时的行李服务。

（5）发放新的房卡与钥匙，由行李员收回原房卡与钥匙。

（6）接待员更改计算机资料，更改房态。

十二、突发事件的应急处理

突发事件也就是突然发生的事情：一是事件发生、发展的速度很快，出乎意料；二是事件难以应对，必须采取非常规方法来处理。

（一）识别酒店常见的突发事件

酒店常见的突发事件有：

（1）治安：抢劫、绑架、斗殴、凶杀、自然死亡、坠楼、恐怖活动。

（2）消防：火灾、技防失效。

（3）自然灾害：水灾、雷击、暴风、地震。

（4）食品卫生：中毒。

（二）制定突发事件应急预案

突发事件因其具备突然的特性，前厅经理每日都必须有应对突发事件的警醒心态。同时，在平时就要识别出酒店有哪些常见的突发事件，并且就这些突发事件制定应急预案。因为，突发事件的处理有时候涉及整个酒店，有时候必须调动各个部门的人员，所以，应急预案的制定与演练必不可少。

【范例03】

××酒店突发事件应急预案

（一）治安事件

1.抢劫案件应急措施

（1）当酒店发生抢劫案件时，如劫匪持有武器（指枪械），在场员工应避免与匪徒发生正面冲突，保持镇静，并观察匪徒的面貌、身型、衣着、发型及口音等特征。绝不可草率行事，以免造成不必要的伤亡。如监控中心发现酒店内发生劫案，应立即告知部门经理或值班经理，并按指示向110报警。

（2）如劫匪乘车逃离现场，应记下其车牌号码、颜色、车款或牌子等，并记清人数。同时，可以乘的士或其他交通工具跟踪并用通信工具向110报告方位和地点，以便警方组织力量设卡拦截。在跟踪的过程中要注意隐蔽，以确保自身安全。

（3）保护好现场。劫匪遗留的凶器、作案工具等不要用手触摸，划出警戒范围，不要让无关人员进入现场。

2.绑架人质案件应急措施

（1）当酒店发生人质绑架案件时，服务人员应立即向部门经理、值班经理和保安部报告。

（2）接报后应急处置小组须第一时间报警。

（3）在警方到达之前应封锁消息,严禁向无关人员透露现场情况,以免引起客人惊慌和群众围观,导致劫匪铤而走险，危害人质安全。

（4）尽量满足劫匪的一些合理要求,如送水、送食物，以稳定劫匪的情绪。

3.斗殴案件应急措施

（1）当酒店内发生斗殴事件时，应立即制止、劝阻及劝散围观人群。

（2）如双方不听制止，事态继续发展，场面有难以控制的趋势时，应迅速报告公安机关及知会酒店相关部门人员。安保员应在现场戒备，防止事态扩大。

（3）如酒店物品有损坏，则应将斗殴者截留，要求赔偿。如有伤者则予以急救后交警方处理。现场须保持原状以便警方勘查，并协助警方辨认滋事者。

4.凶杀、自然死亡、坠楼案件应急措施

（1）当酒店内发生凶杀案时，服务人员应立即向总经理、部门经理、值班经理和保安部报告。

（2）接报人员须第一时间报警并立即成立应急处置小组，应急处置小组须有效协助警方开展工作，在最短时间内清理现场。

（3）安保员协助警方勘查现场，尽快运走尸体、清理现场。

（4）保安部、人力资源部配合警方做好善后处理工作。

5.恐怖活动案件的应急措施

（1）恐怖活动主要有爆炸可疑物和爆炸恐吓两种方式。

①爆炸可疑物。

A.酒店内发现爆炸可疑物时，须第一时间报告保安部。

B.保安部接到报告后应立即勘查现场，但不得轻易碰触可疑物，在无法确认可疑物品时，应马上报警，并划出警戒区，禁止无关人员接近。

C.保安部请总机通知突发事件处置小

随手札记

组成员到店协助警方开展工作。

D.监控中心按可疑物外形通过监控录像查找嫌疑人，收集相关资料交警方处理。

E.保安部、人力资源部配合警方做好善后处理工作。

②爆炸恐吓电话。

A.当酒店接到爆炸恐吓电话时，接听人员应尽量获取尽可能多的来电信息，并在接听过程中录音。

B.电话挂断后，接听人员须立即向部门经理、总经理和保安部汇报，不得对外散布任何消息。

C.总经理视情况果断报警。

D.保安部可以从相关部门抽调人员经警方现场培训后协助警方对全酒店非重点范围进行可疑物搜索。

——应急处置小组或保安部经理负责指导正当的搜索行动。

——参与搜索者在未经确定前不得接触或弄乱任何有可能容纳爆炸装置的包裹、箱子及其他无主可疑物体。

——如发现情况，应及时报告应急处置小组或保安部经理，接报后须通知警方，并派出安保员对炸弹或可疑物体的区域进行隔离警戒。

——在警方到达现场对可疑物品进行检测和解爆时，应疏散附近无关人员并知会各相关部门经理配合警方工作和确保人员生命财产安全。

E.应急处置小组应防止肇事者在酒店公共场所散布不满和制造恐慌。

F.如发生意外有人员受伤时，人力资源部负责组织人员抢救，客房部负责人员疏散、引导。

G.如事件现场涉及电器和机械设备，工程部须配合警方工作。

H.保安部收集电话收音等相关资料移交警方处理，并跟踪案件处理结果。

（二）消防

（1）当酒店发生火警时，消防控制中心接警后，须立即赶赴现场查看，确认发生火警后应立即通知消防控制中心。

（2）消防中心接到火警确认信息后，应马上告知总机通知突发事件应急处置小组成员到消防中心组成灭火指挥部。同时，通知当班安保领班组织安保员按火场岗位安排开展疏散、灭火、救援工作。

（3）消防中心及时向总指挥（总经理）汇报火势情况，并按照总指挥的指示及时报警。

（4）工程部坚守岗位，做好泄水准备，配合消防中心启动相关消防联运设备。

（5）前厅部及时把入住楼层的客人人数通报消防控制中心和客房部，客房部按指挥部要求疏散相应楼层客人后，须在门上用粉笔作“○”标记。

（6）火警扑灭后，保安部负责火警现场保护，协助消防机构调查火警原因。

（7）保安部写出“事故报告”，分析火警成因，改善防火措施。

（三）自然灾害应急措施

1.确认受灾范围

（1）当水灾、雷击、暴风、地震等自然灾害事故发生后，消防中心应马上确认受灾范围，并通知大堂经理、值班经理组织各部门值班人员对部门辖区内的受灾情况进行清查。

（2）消防中心告知总机通知总经理及突发事件应急处置小组其他成员赶到消防中心，成立救灾指挥部，指挥各部门人员消除灾害，恢复生产。

2.应急处理

（1）各部门应对辖区内的电、气、油进行清查，防止出现泄漏引发火灾，发现存在隐患时应通知工程部立即关闭开关，严防自然灾害事故引发火灾。一旦出现火警，立即按“火警紧急操作流程”处理。

（2）因灾害事故导致设施、设备严重受损时，若存在安全隐患，如：幕墙或顶棚玻璃坠落、屋顶水池漏水等，应立即对可能出现安全事故的地面区域进行封锁，工程部安排紧急抢修，排除二次灾害隐患。

①建筑外围20米区域内严禁车辆、行人通行。

②大门车道雨棚、大堂雨棚下禁止车辆、行人通行。

③禁止非工作人员登上四楼屋面。

④工程人员紧急抢修。

（3）出现以上紧急情况，若需疏散人员，由救灾指挥部确定疏散路线并组织疏散。

3.事故报告

各部门在受灾清查、处理结束后，把情况汇总到救灾指挥部（消防中心），由突发事件应急处置小组出具事故报告。

（四）食品卫生中毒事件应急措施

（1）在酒店内发现任何人有中毒症状，无论是误服或故意服毒，应立即报警，并向总经理汇报。

（2）由大堂经理拨打急救中心电话120呼救，等待医务人员求援。

（3）经警方同意后查看中毒者证件等物品，由警方通知中毒者的单位或亲友。

（4）保护中毒者所在现场，不要让任何人触摸有毒或可疑有毒的物品（如：药物、容器、饮品及食物、呕吐物等）。

（5）前厅部在大堂车道上安排好车位以便警车和救护车到达及离开时用。

（6）将中毒者的私人物品登记、保管或按警方要求交给警方，并签收。

（7）保安部将有关资料（警车、救

随手札记

护车车牌；到达及离开的时间、警方负责人姓名等资料）登记备案。

（8）发现投毒者或可疑人员时立即扣留，交警方处理。

（9）属在酒店用餐客人的，除做好以上工作外，还应把客人用餐的菜肴和餐具及残渣封存，交由警方化验、鉴定。

（三）突发事件处理后的总结与演练

每一次突发事件处理后，都要有意识地进行总结，分析发生的原因、处理的经过及结果，并使其文字化，最好是能整理出来，作为案例在员工培训、早会上进行培训，以降低同类事情的发生率，从而减轻自己的工作压力。

为了使上述这些措施在事件发生时能发挥作用，前厅经理应与酒店其他部门合作，制订演练预案，经常进行演练。下例是某酒店火灾应急演练预案，仅供参考。

【范例04】

××酒店火警应急演练预案

××酒店备忘录编号：

总经办	√	客房部	√
行政人事部	√	财务部	√
销售部	√	工程部	√
餐娱部	√	保安部	√
前厅部	√		

致：总经理

由：保安部____________

事由：××酒店灭火和疏散预案演练方案

日期：××××年××月××日

一、演练的指导思想和目的

为了更好地贯彻落实《中华人民共和国消防法》和《机关、团体、企业、事业单位消防安全管理规定》，根据集团公司的统一布置，酒店拟每半年进行一次整体的消防演练。通过演练，使整体参练人员和员工懂得自己的岗位的防火职责，懂得各自工作中的火灾危险性，懂得预防火灾的措施，懂得灭火的方法：会报警，会使用消防器材，会扑灭初期火警，会迅速组织引导客人疏散逃生。从而具备消防意识和自防自救能力，有效杜绝火灾的发生。

二、演练时间

1.具体时间另行通知。

2.演练的组织和内容

①指挥部前指挥：××总经理

成员：各部门负责人

指挥部办公地点：酒店前厅部　　电话：1110

任务：负责组织、指挥演练。

②灭火组。

甲组由一名领班负责，两名保安员（酒店大门岗一名、巡逻岗一名）组成，演练当天在指定位置（各自岗位）待命。

任务:接到指挥部命令后,手持灭火器前往假想火警现场（客房1号、2号楼及餐娱部商业楼根据实际情况确定位置）模拟灭火，随后到酒店大门左侧车道上集合，各部门安全员在保安部员工指导下进行灭火演示（使用干粉灭火器扑灭火盆）。

乙组由一名保安领班负责，保安部抽两名保安员组成。演练当天在指定位置集中待命。

任务：接到指挥部命令后，开启消火栓，水枪向无人出入的森林，出水模拟10余秒钟。

③报警联络组。

由一名资深保安员负责，一名保安员和各业务部门分别抽一名安全员组成。演练当天时在指定位置集中待命。

任务：假设火灾发生后，迅速拨打110向指挥部报告或向消防中心电话报警（要求掌握报警的内容：火警单位的地点，什么路、门牌号、几楼、着火的物质是什么，并将自己姓名、部门所用电话号码告知对方），并传达指挥部的命令。

④疏散、救护组。

由房务主管×××负责，一名保安员及一名房务领班在指定锁房楼层待命。各部门1～2名安全员扮演住店客人，在指定锁房楼层待命。所有被疏散人员使用小方巾（旧）捂住口鼻，降低体位在疏散人员的指引下有序地撤离。随后所有参演人员及各部门员工到酒店大门左侧车道一侧集合。

三、演练讲评及培训

演练完毕后，所有员工在酒店大门左侧车道一侧集合，观看安全员使用干粉灭火器进行灭火演示及消防水带连接模拟灭火（事前在指定位置设置2个火盆做好相应的准备），并作灭火器使用讲解、在处置火情时应注意事项及对《××酒店火灾处置应急预案》的剖析讲解。

由总指挥作演练讲评，并强调日常防火工作的注意事项。

四、要求、目的

酒店员工应全程观摩演练过程，使自己对每一个环节都能熟知。一旦发生火情时，知道自己怎样应对处置（应该怎么做）、能正确使用灭火器扑灭火险及疏散客人。

定期向酒店年度防火安全责任人汇报酒店消防安全情况，及时报告酒店涉及消防安全的重大问题，并完成酒店防火安全责任人交办的其他消防安全管理工作。

五、演练所需物品

干粉灭火器20个，小方巾（旧）20条，金属盆（火盆）2个，木材（着火源）10千克。

妥否，敬请领导批示！

总经理批示：

一日工作安排与落实

一周工作安排与落实

月度工作安排与落实

季度工作安排与落实

年度工作安排与落实

管理心得

每天工作结束后，前厅经理可以对自己的工作进行一个简单的总结，其实也就是一个简单的个人工作日志。

我的日管理心得

已办事项	
未办事项	
待办事项	
今日管理心理	

第二章

一周工作安排与落实

新的一周又开始了，该怎样做好这一周的工作呢？仔细想想，本周有哪些主要工作：要对新入职员工进行指导，要对前厅部的财物、卫生等情况进行检查，需要为部门经理周例会做准备……

事情还真多，怎样才能理清呢？仔细看看，哪些必须在第一时间内完成，哪些可以稍微往后延……

如果你每周都处于这种忙乱状态，那就要做好一周的工作安排与落实。通过本章学习，相信你一定可以远离这种忙乱状态，从而让工作更加有条不紊，更加轻松愉快！

一、制订一周工作计划

（一）每周时间分析

前厅经理可以将从周一到周五，连续使用工作（活动）分项分析表，如表1-3所示，将其统计结果分别填入表2-1。误差就是实际用时与计划用时之差，无计划的工作事项，计划用时则计为零。

表2-1　每周时间分析表

时间 活动	计划用时							实际用时							误差
	周一	周二	周三	周四	周五	总计	排序	周一	周二	周三	周四	周五	总计	排序	
召开部门早会															
到前厅现场巡视															
给VIP客人打电话															
查看去年同期客房销售情况															
组织开展客房预订工作															
起草安全管理计划															
向总经理汇报工作情况，听取各部门主管汇报工作															
接待VIP客户															
与酒店其他部门协调工作															
……															
总计															

（二）制订工作计划

有些工作要周一做，有些要周二做，那么前厅经理如何安排一周的工作时间呢？可以制订一份一周工作计划表，来对一周时间进行合理分配。表2-2是某酒店的前厅经理的一周工作计划表。

【范例05】

××酒店前厅经理的一周工作计划

一、卫生方面

本周重点加强两方面的检查：早班做前台卫生质量及宿舍卫生的检查。

表2-2　一周工作计划

序号	工作内容	阶段目标	目标完成时间							责任人
			周一	周二	周三	周四	周五	周六	周日	
1	一周计划卫生检查	客房卫生抽查	○	○						
		公共区域卫生抽查	○	○	○					
2	配合人力资源部面试新员工	笔试				○	○			
		实操技能考核						○		
3	部门在职员工专业技能培训	新技能操作培训	○	○	○	○				
		基本操作技能提升	○	○	○	○	○	○	○	

二、工程方面

（1）收银处有一台收银机坏了。

（2）商务中心电话故障：605、615、705、812、七楼办公室房间。

三、催购方面

（1）沙发6台。

（2）钟表22块。

（3）对讲机1个。

（4）鼠标垫50个。

（5）计算机电源1个。

四、全力销售圣诞票

力争超额完成任务，具体要求为：

（1）经理全面联系客户，做好二次跟进。

（2）领班带领员工与客人进行交流。

（3）提高成交率。

五、建立部门自检体系

建立部门自检体系，包括以下重点：

（1）早班自检重点为洗手间卫生质量。

（2）中班接班后每天抽查昨日已出

随手札记

售房间，自检卫生细节，整改早班卫生遗留。

六、迎检准备工作

部门做好迎检的各项准备工作，具体如下：

（1）卫生洗消。

（2）公共区域、卫生间清洁与消毒。

（3）杯具、器皿、茶壶清洗与消毒。

（4）空气质量消毒。

七、加强管理人员管理责任

提出六个必须、六个重要，加强自勉，提升能力从自勉开始。

（1）工作交接必须清晰，客情方面尤为重要。

（2）管理员工必须用心，培训方面尤为重要。

（3）处理问题必须细心，能力方面尤为重要。

（4）待人接物必须真心，态度方面尤为重要。

（5）经营好坏必须关心，责任方面尤为重要。

（6）现场管理必须坚持，业绩方面尤为重要。

特别提示：

现在，你可以此为参考，来制订一份自己的一周工作计划表。

二、主持部门周例会

前厅经理既要主持本部门周例会，还要参加部门经理周例会。因此要妥善协调好两者的时间，避免发生冲突。

前厅经理每天都要参加部门早会，但那只是安排一天的工作。而周例会是对一周工作的总结，并为下一周工作的开展做好安排。因此前厅经理必须为周例会做好充分准备，这就要求他必须学会如何主持会议。以下几点是主持会议的要点，只要遵照实行，就可以大大提高工作效率。

（一）把握时间

开会最忌讳的就是拖延时间，因为每个人的时间都很宝贵，所以要让会议顺畅地进行，必须对每个议题的讨论时间作出限制。比如会议要讨论员工培训、处理投诉和财物盘点这三项议题，但在如何处理客人投诉问题上，与会者陷入了长时间的争论中，无法达成共识。这时候前厅经理就应当作出决断，将这项议题搁置，留待下次会议再讨论，而接着下一项讨论。前厅经理要尽量避免耽误其他议题的讨论工作。

前厅经理也可以在会前制订一张周例会时间控制表，明确规定各项议题的讨论时间，超过限定时间就要立刻终止讨论，如表2-3所示。

（二）不要在非上班时间开会

尽量在日常上班时间开会，除非是很紧急的事情，比如某天，上早班的同事已下班，突然有一大批客人来店，大大超过了接班同事的接待能力，这时前厅经理应将已下班同事召集起来，开个紧急会议，要求他们协助接班同事，做好接待工作。

表2-3　周例会时间控制表

姓名：　　　　　　　　　　　　　　会议日期：

议题 \ 时间	限定时间	实际用时	中止原因
上一周客户投诉原因分析			
本周VIP客人接待安排			
客房“超订”的处理技巧培训			
前厅卫生检查			
……			

特别提示：

员工一般都不喜欢自己的休息时间被占用，前厅经理应特别注意这一点，即使是紧急事件，也要对他们作出详细的说明，并取得他们的谅解。

（三）明确例会的目的和议程

任何会议都必须有明确的目的：要提出什么问题，如何解决，解决方法有哪些，哪种方法更好等。所有的讨论都要围绕解决问题、达成目标而进行，切不可变成漫无目的的闲聊或争吵。为此，前厅经理必须建立明确的例会议程，以使会议有条不紊地进行下去。下面这个例子是某酒店前厅部的一次周例会的议程安排，仅供参考。

随手札记

【范例06】

××酒店前厅部周例会

（一）会议内容

1.召集人：前厅部经理

2.时间：每周五上午9:00～9:20

3.地点：前厅经理办公室

4.参加人员：各部门直属各班组、岗位负责人

5.讨论议题

（1）各部门汇报本周工作，以及上级交办事项的完成情况。

（2）通报本部门当日工作安排。

（3）班组间无法协调工作的汇报。

（4）客人意见的反馈。

（5）各部门、班组自查问题汇报。

（6）听取各部门负责人的工作点评及工作安排。

6.重点议题

下周一，世界500强之一的××公司董事长×××先生（女士）要来本店住宿，本次例会必须着重讨论这个事情。

（二）会议要求

1.为维护酒店管理的规范化，保障政令畅通、信息传送及时，各班组、部门必须按时召开各级例会。

2.例会召开以解决困难、听取汇报、下达指令、协调工作为宗旨，要求简明扼要，切忌扯皮、拖拉。

3.任何与会人员都要遵守会议纪律，无法参加需向会议召集人请假，得到批准后方可缺席。

4.例会所作出的限期工作布置，由总经理办公室负责记录，由质管部负责向责任部门跟踪落实。

5.参加人员必须及时、完整地向下级传达会议内容、精神。

6.由总经理办公室整理会议纪要，下发各部门作为实施、检查和贯彻例会精神的依据。

7.例会要认真做好记录。

8.会议期间禁止吸烟、接打电话（要把手机调到振动状态）、谈论与会议无关的话题。

三、参加部门经理周例会

前厅经理每周都要参加部门经理周例会，此时是作为一个会议参加者而参与会议，那参加会议时要做好哪些事项呢？

（一）有准备地赴会

前厅经理在走进会议室之前，首先要弄清楚几个问题，比如谁召集了这次会议、为何召集等。当然周例会作为常规性会议，情况一般都比较清楚，通常都是总经理或店长召开会议，各部门经理参加。但如果是紧急会议就不一样了，因此要明确开会讨论的问题，最好是先做一张表，如表2–5所示。

会议中需要讨论的问题或事情，前厅经理最好事先列出，在参加会议时可以用来提醒自己。前厅经理需要准备好上周工作总结和本周工作计划，以便向总经理做好汇报工作，以及与其他部门进行有效沟通。

通常前厅经理需要在会议上提出如下报告：

表2-4　需要明确事项

序号	问题	是否明确	备注
1	谁召集这次会议	□是　□否	
2	前厅部相关报告是否已准备妥当	□是　□否	
3	本次会议是否会继续讨论上次会议遗留的问题	□是　□否	
4	是否为了解决棘手的问题而召开	□是　□否	
5	是否对会中涉及本部门的事项足够熟悉	□是　□否	
6	是否需在前厅部举行消防演习	□是　□否	

（1）提供上周前厅部的营销分析报告。

（2）通报上周的工作完成情况及未完成工作的原因和预计完成的时间。

（3）通报上周的本部门客人意见征询情况并提供书面报告。

（4）通报上周本部门的质量检查自查情况。

（5）通报上周相关部门对本部门工作的配合情况。

（6）通报上周本部门员工培训情况。

（7）通报上周的重要客人的关注情况。

（8）通报本部门费用开支情况与预算费用对比。

（9）通报本周和未来两周客房预定预报。

（二）做好会前疏通

如果有新的问题，可能与其他部门产生冲突或纠纷，前厅经理就要格外小心，因为前厅经理每天都要与各部门沟通合作，一旦与他们发生冲突，工作可能会产生困难。

随手札记

前厅经理先要判断该问题是否需要在例会上提出，就算要提出，最好在会前与相关部门进行沟通。能在会前解决的，就不必提到会上，从而造成不必要的麻烦。

例如由于客房部员工工作懈怠，导致已退客房没有及时清理，已预订该房的下一位客人进门后看见房间很乱，回来向前厅部投诉。前厅经理应先找客房经理沟通，委婉地向他提出这个问题，争取部门之间协商解决，而不必拿到例会上讨论，避免伤害客房经理的自尊。

（三）谋求沟通方法

会议场合中的沟通媒体除了有声的语言之外，无声的语言——诸如仪容、姿态、手势、眼神、面部表情等，也都扮演着相当重要的角色。前厅经理应该特别留意以下几个方面。

（1）仪容要整洁。蓬头垢面者通常得不到与会者的好感。前厅经理作为前厅事务的最高负责人，更应做到这一点。

（2）准时或提早抵达会场。

（3）避免穿着奇装异服。为稳妥起见，穿戴应尽量趋于保守。

（4）留意坐姿。最理想的坐姿是脊椎骨挺直但不僵硬，因为只有这样，你才能在松弛的状态下保持注意力。

（5）目不斜视。跟别人对话时最忌讳的便是两眼闪烁，或是斜眼看人，因为这样会使人对你的动机或品格产生不良的评价。同样忌讳的是，以求情的眼光看人，因为这样会削弱你说话的分量。

（6）借手势或物品引起注意并强调自身的观点。以手势配合说话的内容，可以令听众印象深刻。手势的大小视你所想强调的内容而定。谈细节的时候，手势要小；谈大事时，手势要加大。运用手势时，你必须考虑周围实体环境的情况。外界的空间越大时，手势可越夸张；外界的空间越小时，手势就应越收敛。为强调你的意见而以物件作为道具是一种良好的举措。

四、担任值班经理

酒店是一个24小时不间断地向客人提供服务和安全保障的特殊行业，来不得一点大意。为了对客服务的全天候政令畅通，做到服务规范、处理问题及时，除正常的组织管理之外，需另设值班经理负责指挥日班之外的工作，以保证酒店的运转始终处于良好状态（包括周末、节假日）。

值班经理由酒店店长、副店长、部门经理轮流担任。所有值班人员都应首先掌握所有岗位的操作标准及行为规范。各部门在开班后会的时候要告知今日值班经理的姓名、职务、电话分机、手机号码。

前厅经理根据总经理办公室的排班要求担任值班经理，一般每周一天，具体值班流程如下例所示。

【范例07】

××酒店值班流程

一、值班的汇报及交接规定

1.早会时值班经理汇报工作：反映客人的意见，汇报发现的问题及问题分析，提出需要跟办的事情。

2.昨日值班经理向今日值班经理交接，交接“值班经理工作日志”，交代需要跟办的事项。

二、值班岗位职责及标准

1.根据总经理办公室排定的值班表，提前做好值班准备工作，了解以下情况：

（1）酒店今日客房出租率。

（2）今日在店、抵店、离店客人人数。

（3）今日酒店有无团队、会议信息。

（4）今日酒店有无宴会活动信息。

（5）今日酒店内有无计划内的可能对客人造成影响的事件如：停水、停电、停气、电梯维修，改建，装修、消防演习、工程维修等。

2.值班期间，确保手机24小时处于开机状态（要保证手机电池的电量充足），工作电话接听率为100%，着工作装。

3.密切关注经营、运转情况，及时做好组织协调和服务工作。

4.负责做好夜间安全的预防工作，妥善处理酒店夜间发生的治安问题。检查各安全岗、安全通道，以消除各种隐患，保证酒店财物以及客人的人身财产安全。

5.加强夜间巡视，特别是酒店重要部位的巡查工作，发现问题及时解决，并做好工作记录。

6.值班期间巡视后勤区域（各部内务、各种设备间、员工餐厅等），及时发现问题，并采取有效措施安善处理。

7.处理客人的投诉。遇到客人对酒店的投诉时，应认真倾听并在工作日志上做好书面记录，无论对错都不作争执，并适时、适当地站在客人立场上，以期尽快平息客人的怒气。在考虑酒店的利益得到最大保护的同时，可以适当地满足客人的合理要求，以维护酒店的良好声誉。

8.主动征求客人的意见，对客人的意见及时加以分析、处理，并采取预防措施，促进酒店优质服务的开展和质量的改进。

9.维护整个酒店温馨祥和的营业气氛，督导各营业点的摆设、灯光、背景音乐、服务质量等影响营业气氛的工作环节。

10.早会上值班经理要对昨天的当班情况进行汇总说明，对检查过程中的不合格项进行评析，各部门经理针对不合格项提出整改措施，下一轮值班经理对其进行质

随手札记

量跟踪和落实。

11.值班经理负责对各部门的员工仪容仪表规范进行监督落实。

12.及时处理酒店突发事件，维护酒店利益不受损害。

13.协调各部门之间的关系，并接受和处理酒店内部员工投诉。

14.监督上岗员工的工作表现，对违纪员工有权按章予以处理，对工作中表现突出的员工，有权向相关部门建议给予物质或精神奖励。

15.审查和核批业务部门在岗最高人员权限以外的优惠、减免事宜。凡确属紧急情况须减免或优惠的，应做好详细记录并逐级汇报。

前厅经理在担任值班经理时，要按照以上流程仔细巡查整个酒店，当值班结束时，要认真填写当日值班日志，具体内容可填写在表2-5中。

前厅经理在值班期间，对酒店各部门的检查工作应参照国家旅游局关于星级饭店评定的最新标准《旅游饭店星级的划分

表2-5　值班经理工作日志

星期：　　　　天气：　　　　值班经理：

<table>
<tr><td colspan="2">酒店当日营收</td><td></td></tr>
<tr><td colspan="2">酒店重大接待活动</td><td></td></tr>
<tr><td rowspan="9">质量检查项目</td><td rowspan="2">客房两间（含：清洁卫生及设施设备维护保养情况，客房清理、开夜床情况，客用品配置情况等）</td><td>房号：
检查情况：</td></tr>
<tr><td>房号：
检查情况：</td></tr>
<tr><td rowspan="4">营销：包厢、散台、厨房（含：清洁卫生及设施设备维护保养情况，客用品配置情况，餐前准备及餐中服务情况等）</td><td>西早及送餐：
检查情况：</td></tr>
<tr><td>散台：
检查情况：</td></tr>
<tr><td>包厢：
检查情况：</td></tr>
<tr><td>厨房：
检查情况：</td></tr>
<tr><td rowspan="3">娱乐（健身房或游泳池的淋浴房、足浴房，棋牌室）</td><td>淋浴房：</td></tr>
<tr><td>足浴房：</td></tr>
<tr><td>棋牌室：</td></tr>
</table>

（续表）

<table>
<tr><td rowspan="7">质量检查项目</td><td>公共区域的卫生及设施维护情况
1.联排区域外围
2.垂钓区域外围
3.豪华区域外围
4.所有消防步行梯
5.垃圾站、气站及酒店外围</td><td></td></tr>
<tr><td>后台卫生及工作情况：员工食堂、员工宿舍（公共区域、员工宿舍、主管或领班宿舍）、员工俱乐部、更衣室、地下车库、后台办公室等</td><td></td></tr>
<tr><td rowspan="3">员工在岗情况：抽查几名不同部门不同岗位的员工　（含：在岗情况；文明礼貌、行为举止、个人卫生；酒店营运知识、消防知识、本岗位服务程序及标准等）</td><td>姓名及岗位：</td></tr>
<tr><td>姓名及岗位：</td></tr>
<tr><td>姓名及岗位：</td></tr>
<tr><td>设施设备运转情况、施工安检情况（清场情况、安全隐患）、节能降耗情况（能源控制、成本控制）</td><td></td></tr>
<tr><td>重大事件</td><td>1.客人投诉及处理情况（经过及处理过程）
2.其他需要说明的问题（客人意见及重大管理隐患）</td><td></td></tr>
</table>

制表：　　　　　　　　　　　　　　总经理签署：

随手札记

与评定》（GBT 14308—2010）中，对五星级酒店的各项要求（见表2-6）。例如在巡查客房时，应按照该标准对客房的要求仔细检查。只有这样高标准、严要求，才能使酒店的形象变得更好。

表2-6 新标准对客房维护保养与清洁卫生（五星级饭店）的要求

3.2	客房维护保养与清洁卫生
3.2.1	房门：完好、有效、自动闭合，无破损、无灰尘、无污渍
3.2.2	地面：完整，无破损、无变色、无变形、无污渍、无异味
3.2.3	窗户、窗帘：玻璃明亮、无破损、无污渍、无脱落、无灰尘
3.2.4	墙面：无破损、无裂痕、无脱落，无灰尘、无水迹、无蛛网
3.2.5	天花（包括空调排风口）：无破损、无裂痕、无脱落、无灰尘、无水迹、无蛛网、无污渍
3.2.6	家具：稳固、完好、无变形、无破损、无烫痕、无脱漆，无灰尘、无污渍
3.2.7	盆灯具：完好、有效；无灰尘、无污渍
3.2.8	布草（床单、枕头、被子、毛毯、浴衣等）：配置规范、清洁，无灰尘、无毛发、无污渍
3.2.9	电器及插座（电视、电话、冰箱等）：完好、有效、安全，无灰尘、无污渍
3.2.10	客房内印刷品（服务指南、电视节目单、安全出口指示图等）：规范、完好、方便取用，字迹图案清晰、无皱折、无涂抹，无灰尘、无污渍
3.2.11	绿色植物、艺术品：与整体氛围相协调、完整、无褪色、无脱落、无灰尘、无污渍
3.2.12	床头（控制）柜：完好、有效、安全、无灰尘、无污渍
3.2.13	贵重物品保险箱：方便使用，完好有效、无灰尘、无污渍

五、新员工入职指导

一个周密的、内容丰富的入职指导计划，对一名新员工熟悉酒店、顺利开展工作至关重要。尤其是对前厅部新员工来说，入职指导计划更为重要，因为他们将直接面对客人，他们表现的好坏直接关系着酒店的形象和效益。

特别提示：

每一个成功的入职指导计划都由四个阶段组成：录用员工、发放员工手册、参观酒店设备设施、举行一个迎新入职会议。

（续表）

3.2.14	客房电话机：完好、有效、无灰尘、无污渍，旁边有便笺和笔
3.2.15	卫生间门、锁：安全、有效、无破损、无灰尘、无污渍
3.2.16	卫生间地面：平坦、无破损、无灰尘、无污渍、排水畅通
3.2.17	卫生间墙壁：平整、无破损、无脱落、无灰尘、无污渍
3.2.18	卫生间天花：无破损、无裂痕、无脱落、无灰尘、无水迹、无蛛网、无污渍
3.2.19	面盆、浴缸、淋浴区：洁净、无毛发、无灰尘、无污渍
3.2.20	水龙头、淋浴喷头等五金件：无污渍、无滴漏、擦拭光亮
3.2.21	恭桶：洁净、无堵塞、噪音低
3.2.22	下水：通畅、无明显噪音
3.2.23	排风系统：完好，运行时无明显噪音
3.2.24	客用品（毛巾、口杯等）：摆放规范、方便使用，完好、无灰尘、无污渍

（一）录用员工

一旦录用一名员工，就应通知他（她）在特定的时间和地点到酒店的人力资源部门报到上班。前厅经理应该向员工全面解释工作情况，尤其是前厅部的工作情况。

（二）发放员工手册

应该给新员工发放酒店员工手册，并要求员工仔细阅读。阅读员工手册是确保新员工知悉酒店规章制度的重要手段。员工手册的内容应当能使新员工对酒店整个制度有一个全面了解。

随手札记

【范例 08】

××酒店员工手册（大纲）

前言

无论你来自何方，加入××酒店就是你视野全新一页的开启，释放你全部的热情，投入到我们这个充满机遇的强势团体中来。

我们的宗旨是：用户至上，员工第一！

目录

第一章　公司简介

第二章　雇员责任与行为准则

第三章　考勤管理制度

第四章　假期政策

第五章　聘用政策

第六章　薪酬政策

第七章　福利政策

第八章　培训制度

第九章　员工发展

第十章　绩效考核制度

第十一章　奖惩制度

（三）参观熟悉酒店

员工录用阶段结束后，就可以为新员工安排一次参观熟悉酒店的活动。员工录用工作结束后，人力资源部门就会将新员工转交给前厅经理。前厅经理要带领新员工四处参观，并为他们做解说，同时回答他们的疑问。

前厅经理应重点向他们介绍前厅部各部门和设施，因为那是他们以后工作的主要场所。对接待处新员工要求他们着重了解接待处的设施设备和相关工作流程，对预定处新员工则着重强调预定处的设施设备和工作流程，对其他新员工应做同类要求，必要时可请各部门主管详细解说。

（四）入职指导会议

入职指导会议至少应该在员工有机会部分地熟悉周围环境后才举行。大约要到两周之后员工才会对新体验、新工作、培训以及列在酒店手册和部门手册上的规章制度变得熟悉。如果过早地安排入职指导会议的话，新员工可能不会有多深的认识。

入职指导会议应该强调每个工作岗位的重要性，告诉新员工每一个职位都是不可或缺的，这些职位是酒店整体的重要组成部分。会议应事先计划好，并留出时间让新员工提问。前厅经理或其他的管理者应与新员工充分互动，对新员工提出的所有问题都应作出恰当地回答。

六、前厅部每周卫生检查

前厅是酒店的门面，前厅的卫生状况直接关系到客人对酒店的印象。没有客人愿意入住一家前厅肮脏杂乱的酒店。因此，前厅经理要着重注意前厅的卫生情况，除了每日大堂巡视之外，前厅经理还应每周做一次更仔细更彻底的卫生检查。

（一）制订检查标准

前厅经理在制订前厅卫生检查标准时，应参照国家旅游局关于饭店星级评定与划分最新标准《旅游饭店星级的划分与评定》（GBT 14308—2010）中对五星级酒店前厅卫生检查的要求，如表2-7所示。

表2-7　新标准对前厅卫生检查的要求

2.2	前厅维护保养与清洁卫生
2.2.1	地面：完整，无破损、无变色、无变形、无污渍、无异味、清洁、光亮
2.2.2	门窗：无破损、无变形、无划痕、无灰尘
2.2.3	天花（包括空调排风口）：无破损、无裂痕、无脱落，无灰尘、无水迹、无蛛网，无污渍
2.2.4	墙面（柱）：平整、无破损、无开裂、无脱落、无污渍、无蛛网
2.2.5	电梯：平稳、有效、无障碍、无划痕、无脱落、无灰尘、无污渍
2.2.6	家具：稳固、完好，与整体装饰风格相匹配。无变形、无破损、无烫痕、无脱漆、无灰尘、无污渍
2.2.7	灯具：完好、有效，与整体装饰风格相匹配。无灰尘、无污渍
2.2.8	盆景、花木、艺术品：无枯枝败叶、修剪效果好，无灰尘、无异味、无昆虫，与整体装饰风格相匹配
2.2.9	总台及各种设备（贵重物品保险箱、电话、宣传册及册架、垃圾桶、伞架、行李车、指示标志等）：有效、无破损；无污渍、无灰尘

随手札记

下例是某酒店前厅经理为前厅制订的卫生检查标准。

【范例09】

××酒店前厅卫生检查标准

一、前厅卫生

1.前厅环境卫生：要求保持地面无垃圾，无污渍。

2.前厅窗外的台阶卫生：要求卫生效果达到无水渍、无垃圾，无油渍，清洁明亮。

3.前厅外设施、设备卫生：保持空调室外机无油渍、无杂物（各房间空调、室外机、灯笼无破损）。

4.前厅外的玻璃、大门玻璃及门帘：要求干净明亮，无水迹、无油渍、无指纹，门帘无油迹、无灰尘。

5.前厅广告宣传牌卫生：要求保证无破损、破旧，无灰尘，字体清晰。

6.前厅隔断卫生：要求干净整洁，无灰尘，无水迹、油迹。

7.前厅地面卫生：要求地面无油迹、无水迹、无垃圾、无拖痕。

二、吧台卫生

1.吧台内地面卫生：要求做到无杂物、无水迹、无油渍，物品摆放整齐。

2.吧台台面以及吧台墙壁的卫生：要求每餐的餐前进行卫生清理，做到四无。

3.吧台内酒水架以及酒水的卫生：酒水台无破损、无灰尘、无杂物，酒水无破损、无灰尘，酒水标价字体字迹工整、整齐，无破损。

4.吧台内物品的摆放：按指定区域摆放，干净、整洁、统一、整齐。

5.酒水保鲜柜卫生：酒水摆放整齐，不准有个人物品，设备齐全，严禁有过期酒水，冰箱外保持干净整洁。

6.吧台内设备设施：无水迹、无油迹，无灰尘，保证正常使用。

三、大堂卫生

1.桌面（台布、玻璃、转盘、标志）：无油迹、无水迹、无手印，干净明亮，大小适中，无油迹、无异味，无油迹、无污迹。

2.餐具（牙签、茶壶、暖瓶、桌号牌、小勺、小碗）：无水迹、无杂物、无破损、无油迹。

注：牙签筒内牙签量要适中。

3.椅子：无水迹、无油迹、无灰尘、无破损。

4. 地角线：无水迹、无油迹、无灰尘。

5.挂件：无水迹、无油迹、无灰尘、无破损。

6.工作柜：工作柜表面和台面无水迹、无油迹、无灰尘，物品摆台规范，无水迹、无油迹、无灰尘。

7.空调：空调外壳无灰尘、无水迹，使用正常。

8垃圾筒、清洁用具（盆，桶）：干净，无异味、无水迹、无垃圾，套好垃圾袋。无杂物、无油迹、无污迹，外表清洁。

四、房间卫生

1.衣架：无灰尘。

2.窗户（窗槽、窗帘）：

（1）玻璃：无水迹、无手印、无油迹，干净明亮。

（2）窗槽：干净无杂物。

（3）窗帘：无破损、无异味、无污迹。

3.沙发：沙发无灰尘、无污迹、无油迹。

4.茶几：茶几面干净明亮，无水迹、无手印、无油迹、无灰尘。

5.门、门框：无灰尘、无污迹，玻璃无污迹。

五、走廊卫生

1.地面：要求地面无油迹、无水迹、无垃圾、无拖痕。

2.地角线（墙围）：无水迹、无油迹、无灰尘。

3.挂件（指示灯）：无水迹、无油迹、无灰尘、无破损，使用正常。

六、卫生间

1.洗手间的镜面及墙面：整洁明亮，无水迹、无油渍、无指纹、无灰尘。

2.洗手间的地面：无水迹、无杂物，并做好防滑提示。

3.洗手间的大小便池以及垃圾桶：要求无异味、无杂物、无污垢，并及时套好垃圾袋，以及放好厕纸。

4.洗手间的顶棚：无水迹、无涂画，干净明亮。

5.洗手间的门口：防滑垫摆放整齐，干净整洁。

6.洗手间物品的摆放：指定区域摆放整齐，如刷子、扫帚、拖布、洗手液等。

7.洗手间的设备设施：如洗手液、排风扇等，要求干净整洁，无破损。

8.洗手间的门框：无灰尘、无污迹。

（二）记录检查结果

前厅经理按照检查标准检查完毕后，应将卫生检查结果记入专用表格中，对不合标准的地方要注意清理，如表2 8所示。

七、征求客人意见

客人是前厅服务的直接消费者，最能发现前厅服务中的缺陷，因此对服务产品也最有发言权。要提高前厅服务的质量，征求客人的意见非常重要，征求客人意见可以有多种方法。

随手札记

表2-8　卫生检查表

日期：　　　　　　　　　　　　　　检查人：

序号	检查地点	检查项目	检查结果	备注
合计				

（一）设置客人意见表

为了及时征求客人对前厅部各项服务的意见，前厅经理可在前厅柜台设置意见表。前厅经理要注意对意见表进行管理，不能放在那里不闻不问。在管理过程中应注意以下几点：

（1）客人意见表的设计应简单易填，且项目不宜太多，以免引起客人反感。

（2）统一编号、禁止乱撕乱扔，并以此作为考核前厅员工工作好坏的重要依据。

（3）由于客人意见涉及前厅服务员的工作质量，因此具有一定的保密性，为了防止对不利于自己的意见进行“截流”，可将客人意见表设计成自带胶水、可由客人自行密封的折叠式信封状表格。

（二）直接向客人征求意见

前厅经理可以定期或不定期地拜访客人，了解客人的需求，从而及时发现前厅服务中存在的问题，进一步制订和修改有关计划。除了在前厅设置客人意见表以

【范例 10】

××酒店客人意见表

您的姓名：__________　电子邮件：__________

地址：__________

国家：__________　电话号码：__________

抵店日期：______　离店日期：______　客房号码：______

一、选择题

请根据您的实际住店体验与感受，在下列5个可供选择的答案中，每题仅选1个答案。您的选择应该是最能反映酒店实际情况，最能反映您的切身感受的。

请用钢笔填写您所选择的答案，正确：√　不正确：空白

序号	与您相关的各类问题	非常满意	满意	有的满意，有的不满意	不满意	非常不满意
住宿方面						
1	您对订房的准确率					
2	您对入住登记服务					
3	您对离店结账服务					
4	您对客房的照明					
5	您对客房的气味					

（续表）

序号	与您相关的各类问题	非常满意	满意	有的满意，有的不满意	不满意	非常不满意
6	您对客房电视及播放内容					
7	您对客房通信设施					
8	您对电器开关、电源插座的便利性					
9	您对客房的隔音效果					
10	您对客房空调的舒适度					
11	您对客房寝具的舒适度					
12	您对客房的安全设施					
13	您对洗浴用品质量					
14	您对洗浴设备及卫生洁具					
15	您对客衣的洗熨服务					
餐饮方面						
1	您对餐饮服务的效率					
2	您对餐厅的布置					
3	您对餐厅的清洁					

（续表）

序号	与您相关的各类问题	非常满意	满意	有的满意,有的不满意	不满意	非常不满意
4	您对餐具、餐巾的洁净度与完好度					
5	您对餐桌椅的舒适感					
6	您对菜肴的卫生					
7	您对菜肴的口味与风格特色					
8	您对饮品的品质					
9	您对餐厅的照明					
10	您对餐厅的空调					
其他感受						
1	您对酒店的康乐服务					
2	您对酒店的订票服务					
3	您对酒店的背景音乐					
4	您对酒店电梯的乘感					
5	您对商务中心服务效率与便利性					
6	您对酒店的其他服务					

（续表）

序号	与您相关的各类问题	非常满意	满意	有的满意,有的不满意	不满意	非常不满意
总体感受						
1	您对员工服务的态度					
2	您对员工服务的主动性					
3	您对员工服务知识					
4	您对员工服务的效率					
5	您对员工服务的技巧					
6	您对员工对客人的熟知程度					
7	您对酒店整体服务水准的一致性					
8	您对酒店所提供资讯的准确度					
9	您对酒店所提供的特色服务项目的感受					
10	您对酒店所营造的整体氛围					
11	您对入住该酒店的整体体验					

二、是否题

序号	与您相关的各类问题	肯定	否定
1	您的花费是否物有所值	□是	□否
2	您是否愿意再次入住该酒店	□是	□否
3	您是否愿意向其他人推荐该酒店	□是	□否
4	您认为酒店的接待计划是否周密	□是	□否
5	您认为酒店接待计划的落实是否到位	□是	□否
6	您对酒店服务团体客户的效率是否满意	□是	□否
7	您对酒店接待期间进行的沟通是否满意	□是	□否
8	酒店对特殊、突发、临时调整的要求是否提供有效的跟踪服务	□是	□否

三、阐述题（不列入调查问卷的权重计算）

（1）您最满意的是：______________________________

____

（2）您最不满意的是：______________________________

____

（3）您对该酒店的建议是：______________________________

____

随手札记

____

____

____

____

____

____

____

____

____

____

____

外，为了激励员工为客人提供更加优质的服务，还可在前厅放置一张针对服务员的表扬卡，对于收到表扬卡的员工，前厅经理以某种特殊的方式在前台表扬或奖励，使其成为其他员工学习的榜样。见范例11。

【范例11】

××酒店表扬卡

尊敬的客人：

您好！

感谢您下榻于×××大酒店。我们很想知悉在您逗留本酒店期间，是否得到了超值服务。如果您能抽出时间填写此表扬卡，以帮助我们认可及鼓励为您提供超值服务、令您喜出望外的员工，我们将不胜感激。这对于被您提名表扬的员工有着极其重要的意义，谢谢！

您得到的超值服务是______________________________

为您提供该服务的员工是____________ 提供该服务的日期是______________

您的名字是____________________ 房间号或联系电话是______________

为方便起见，您只需将此卡交给您下榻酒店的任何员工即可，他们会非常乐意为您将卡片投入指定的信箱。

（三）利用信息网络征求客人意见

以上两种方式都是在客人住店期间使用。事实上，前厅经理还可以在客人离店以后征求意见，方式有寄送信件、发送电子邮件（e-mail）、利用即时通信软件如QQ、MSN等。

1.寄送信件

如果客人在登记信息中留下住址或工作地址，且允许酒店向其寄送信函，前厅经理应在客人离店后恰当的时间内向其寄送意见表信函，征求他们的意见。客人收到信函后，往往会感到酒店对自己的特殊关注，这样不仅能得到客人的意见，还能提高他们成为回头客的几率。

2.发送电子邮件（e-mail）

在现代社会，电子邮件已经成为一种必不可少的沟通工具，它的使用频率甚至已经超过了日常信函，尤其是对经常入住酒店的商务人士来说，电子邮件就是他们的工作伙伴。

3.即时通信软件

酒店一般会有自己的QQ群，若客人在入住登记时留下了自己的QQ号或者MSN号码，且同意酒店加其为好友，酒店可以通过QQ或MSN对话来征求客人意见。

特别提示：

如果客人留下了自己的电子邮件地址，且允许酒店向其发送电子邮件，前厅经理便可以在客人离店后向其发送电子邮件，征求他们的意见。

无论是采用寄送信函方式，还是电子邮件方式，因为客人已经离店，可能会有比较充分的时间来回答问题，因此，用这两种方式发送的意见表应详细一些，更有针对性一些。

八、VIP客人接待工作

VIP是英文“Very-Important Person”的简称，意为“非常重要的客人”，一般称为“贵宾”。

对VIP的接待服务是酒店给予在政治、经济以及社会各领域有一定成就、影响和号召力的人士的一种荣誉。VIP（贵宾）接待服务是酒店优质服务的集中体现，也代表着酒店接待服务的最高水准。

（一）常见VIP客人

酒店常见VIP客人如表2-9所示。

酒店VIP客人资格申请和批准如表2-10所示。

酒店通常将VIP划分为四个级别，自高至低依次为VA、VB、VC和VD，也有按级别高低依次为白金钻级、钻石级、白金级、金卡级贵宾。

（二）VIP接待工作流程

成功接待VIP客人会给酒店带来巨大的社会效益和经济效益。因此，酒店会特别重视对VIP客人的接待工作。前厅部是接待工作的主管部门，前厅经理作为前厅部门的最高负责人，责任就更为重大。

无论是哪种级别的VIP客人，酒店都会为其提供最尊贵的服务。在接待工作开展之前，前厅经理应带领整个部门仔细制作VIP客人接待流程，以便使接待工作有

随手札记

表2-9　酒店VIP类别

序号	类别	具体内容	备注
1	党、政、军官员	（1）国家元首级领导 （2）国家部委领导 （3）省级领导 （4）省厅、司局级领导 （5）市县（市、区）党政军负责人	
2	社会名人	（1）影视、娱乐、体育界著名演艺人员、运动员 （2）社会各界名流 （3）新闻传媒的资深编辑、记者 （4）知名人士	
3	业内人士及其他	（1）酒店董事长、总经理 （2）曾经对酒店有过重大贡献的人士 （3）相关行业管理部门人员 （4）酒店邀请的客人 （5）本人入住酒店豪华房3次以上的客人 （6）本人入住酒店10次以上的客人 （7）大型合作伙伴的董事会成员 （8）来本地的外商代表、外籍工程师 （9）总经理指定的客人 （10）根据酒店统计排名前十名的公司预定 （11）特殊经营关系的人员	

表2-10　VIP客人资格申请和批准

等级	资格、条件	申请人	批准人
VA	国家元首级 国家部委领导 省级领导	总经理	董事会 董事长
VB	省厅、司局级的领导 市党政军负责人 社会名流（演艺界、体育界、文化界、科学界、新闻界）、行业管理部门人员 曾经对酒店有过重大贡献的人士	副总经理 总经理助理 部门经理	总经理
VC	酒店董事长、总经理 知名旅游企业总经理 酒店邀请的客人 特殊经营关系的人员 消费排名前十名的单位	部门经理	副总经理
VD	入住酒店豪华房3次 入住酒店10次以上的客人	前台主管	营销部经理

条不紊地进行，而不致到时候手忙脚乱。

1.迎接准备工作

（1）预订信息的接收、传递。

预订信息的接收、传递，如图2-1所示。

（2）前台房间安排与信息输入。

前台房间安排与信息输入，如图2-2所示。

2.开展接待工作

对VIP客人的接待工作，主要如图2-3所示的内容。

VIP预订单申请	预订人员需获知客人的身份、职位，若符合VIP接待条件，及时记录下客人联系方式，并及时告知预订处主管；经预订处主管同意后，交前厅经理审核，填写VIP申请单提前下发至各营业部门，准备建立客户新档案
VIP详细信息通报	将VIP详细信息通报预订人员，做到人人知晓、了解一切相关订房住处及特殊要求，对于重点VIP客人前厅经理负责
VIP信息录入	根据订房情况及时将客人相关信息输入计算机，并做好检查及复检工作；对于VIP团队情况发生变更时，及时以变更单的形式通报各相关部门
VIP礼品的选择	在VIP单上，将已选择的礼品，注明标记、礼品种类、鲜花水果级别，附上总经理名片

图2-1　预订信息的接收、传递步骤

随手札记

获知VIP信息：按照预抵VIP等级，要求各员工了解相关情况，做到人人知晓，对于VIP房的分配力求选择同类客房中方位、视野景致、环境、房间保养等方面处于最佳状态的客房

↓

VIP到达酒店前：要将钥匙卡、欢迎信及登记卡存放在前厅经理处；在客人到达前协助前厅经理检查房间卫生、空调等，确保房间状态正常，礼品发送的准确无误。对于VIP团队房号与变更及时以变更单的形式通报相关部门，专人负责VIP团队、散客的接待，根据VIP接待要求进行准备、工整的房卡书写，钥匙的制作及房间钥匙的试用，确保钥匙正常使用

↓

信息储存：复核有关VIP客人的资料的正确性，并准确输入计算机；在计算机中注明VIP客人以提示其他部门或人员注意；为VIP客人建立历史档案，并注明身份，以便作为订房和日后查询的参考资料

图2-2　前台房间安排与信息输入流程

确认客人抵达时间 → 对于重点VIP客人要确认其抵达时间，并及时通知当值总经理、前厅部经理、前厅部助理、礼宾主管等相关人员，做好接待准备。有专人负责重点VIP客人电梯控制，保证客人及时进入房间。客人抵达后称呼VIP姓名；向VIP问候，并表示欢迎；向VIP介绍自己和有关领导

重点VIP客人照顾 → 对于重点VIP客人视人数由前厅经理、礼宾主管、前台主管引领经专用电梯送客人进入房间。将VIP带入房间并对酒店和房间进行简单介绍，为VIP填写住宿登记卡后请VIP签字；告知客人大堂副理电话号码并24小时值班。离开房间时预祝VIP居住愉快

填写登记卡 → 将填写完整的登记卡转交给前台主管，做计算机入店手续。每日检查各部门VIP接待工作（叫醒服务、用餐情况、房间清洁情况等）

3.送行

（1）提前掌握VIP离店时间。

（2）大堂副理提前15分钟上楼等候，在VIP退房时，迎领客人下来。

（3）提前10分钟通知与组织好恭送队伍在大门口等候（前厅经理、前厅助理、金钥匙、门童及相关领导，不少于6人）。

九、每周工作总结

前厅经理应在每周工作结束时，对本

叫醒服务	VIP入住期间的叫醒服务当值大堂副理要亲自督导完成，早餐用餐由当值大堂副理负责引领
行李运送	安排专人负责VIP客人行李运送，制定各岗位服务人员名单
其他服务	（1）如有安排入住15楼以上的VIP客人，提前半小时通知工程部将3号电梯与1号、2号电梯的联动取消。安排保卫部专人在大堂控制3号电梯 （2）如安排入住总统套房的VIP，大堂副理需在客人到达前半小时，勘察VIP行走路线，开启前厅大堂灯光，总统电梯门前安排专职礼宾员1名，大堂门口礼宾主管2名，礼宾员4名，当值前厅经理，金钥匙分别左右两排站立迎宾。前厅助理、前厅经理及酒店相关领导可酌情在大堂内或门口提前10分钟迎宾。如有献花或摄影人员，一律安排大堂外站立迎宾

图2-3　对VIP客人的接待工作流程

周工作做个总结，以便在下周部门经理周例会上通报本部门工作情况。在总结中要将本部门出现的问题如实记录下来，并寻求解决方案。

下面这个范例是某酒店的前厅部一周工作总结，仅供参考。

【范例12】

××酒店前厅部一周工作总结

一、经营数据统计

见下页表。

随手札记

客源统计：

客源	散客	会议	协议	团队	长住房	内签
间数	20	0	39	16	21	46

房型统计：

房型	单人间	标准间	06套	01套	08套	三人间
间数	12	145	26	9	16.5	17

房价统计：

房价（元）	50～198	200～298	300～400	400以上
间数	56	179	7	8

收入统计：

方式	现金	刷卡	挂账
金额（元）	8094.4	7180	26905

二、上周主要工作

（1）配合办公室对春节走访常用礼品的数量进行统计、入库。

（2）配合销售部和客房部对长租房进行调房。

（3）节后陆续对整个大厅/行李房/商务中心的卫生进行彻底清理。

（4）元月份餐卡和考勤的上交。

（5）在做好日常工作的同时，做好VIP客人及VIP会议的正常接待。

（6）对酒店装修期间实际可以出租的房间进行了统计，上交销售部和房务部。

（7）制订元宵节和情人节客房促销方案。

（8）对近期寄存前台的物品进行了电话跟进。.

三、投诉

本周共4起投诉：一起是网络问题造成的客人投诉；另外三起均是投诉房间空调和水温不足的问题。在第一时间给客人解释致歉的同时，联系值班经理加送被子，加开空调；退房时，赠送小礼品，客人均满意离开。

四、不足之处

（1）年后，员工工作状态比较懒散和被动，服务意识不足。

（2）前台员工缺少售房技巧，导致近期散客订房的数量下降。

（3）前台主管及领班人员缺少责任心，质检力度不够。

五、下周工作计划

（1）做好元宵节及情人节客房方案的实施工作。

（2）按计划陆续对前厅人员进行节后培训，主要目的是收心及服务意识的培训。

（3）对近期上岗的员工进行有计划地、详细地、细致地培训。

（4）召开部门管理人员碰头会，针对××××年酒店的整体规划合理制定本部门××××年的目标任务。

十、每周自我反思

前厅经理在每周工作结束时，除了要做好工作总结外，还应该进行自我反思。每周工作总结是针对前厅部整体工作，自我反思则是针对自己的。

因为前厅经理的工作主要是管理，也就是与部门内外各级人员以及客户沟通交流，以完成酒店的工作。既然是与人交流，就难免会出现沟通不畅或是问题，例如某天同一位部门主管谈工作，过多使用了命令语气，不断地打断他的话，可能伤害了他的自尊心。

前厅经理应不断反思，将这些问题如实记录下来，寻求改进方法，避免在以后的工作中犯同样的错误。

表2-11 前厅经理每周自我反思

日期：

内容 日期	个人问题	解决方案
周一		
周二		
周三		
周四		
周五		
周六		
周日		

随手札记

一日工作安排与落实
一周工作安排与落实
月度工作安排与落实
季度工作安排与落实
年度工作安排与落实

管理心得

管理心得，其实是前厅经理对自己个人工作的总结。可以是对某一个事件的看法，也可以是某一项工作的实施计划；可以是成功的经验，也可以是失败的教训。

我的周管理心得

已办事项	
未办事项	
待办事项	
通过这一周的工作，我最大的收获是：	

第三章

月度工作安排与落实

前厅经理工作事情多且杂，需要与各个部门沟通协调，如果没有按时做好工作，将会影响其他部门的正常运转；如果没有及时与客房部核对客房现状，将可能导致客房安排出现错误，以致客人投诉等。

每个月的工作有常规的，也有突发的，前厅经理要做到让自己忙而不乱，工作井井有条，就必须做好工作安排。

一、制订月度工作计划

（一）月度重点工作指引

一年有12个月，每个月前厅经理都有大量工作要做，如审查各类报表、巡视大堂、培训员工、参加各种会议等。为了使工作变得有条理，前厅经理可以编制月度重点工作表，将每个月重点要做的事情列在表上予以特别关注、优先处理，从而避免完全陷进日常琐事中。表3-1是某前厅经理的月度重点工作指引。

特别提示：

当然，你可以根据自己实际情况来编制一份自己的月重点工作指引表。在编写中要仔细思考，所安排的这些工作是否符合实际情况，若不符合，要及时修改。

表3-1　月度重点工作指引表

月份	重点工作	备注
1月	1.组织完善前厅部管理制度，编制部门计划 2.前厅设备管理，提出更新改造方案，提高设备完好率和利用率 3.对待售客房不定期抽查巡视	
2月	1.确定前厅部新员工需求数量 2.配合人力资源部招聘新员工 3.对新员工进行入职培训指导	
3月	1.制定前厅对客服务作业标准 2.对前厅财物进行第一季度盘点 3.总结部门第一季度工作并制订下一季度工作计划	
4月	1.开展前厅卫生工作 2.检查并完善前厅服务项目	
5月	1.组织实习生培训管理 2.对员工进行服务意识培训 3.组织部门领班人员培训	
6月	1.组织开展“服务月”活动 2.对前厅财物进行第二季度盘点 3.总结部门第二季度工作并制订下一季度工作计划	
7月	1.建立部门突发事件应急处理预案 2.担任酒店值班经理，指示其他部门工作 3.接待会议团队客人	

（续表）

月份	重点工作	备注
8月	1.组织带领部门季度优秀员工出省旅游 2.组织年度前厅服务员操作技能大赛 3.对客房进行大清洁	
9月	1.前厅管理基础知识培训 2.制订十一黄金周前厅部接待计划 3.总结部门第三季度工作并制订下一季度工作计划	
10月	1.全力组织部门人员进行十一黄金周客人接待工作 2.实施前厅设施设备管理新规定 3.前厅计划卫生实施情况抽查	
11月	1.制订前厅设备的更新改造计划 2.年度客人投诉处理情况分析	
12月	1.前厅部年终总结及下年度工作安排 2.配合人力资源部对员工进行年终绩效考核 3.制订春节期间前厅部接待计划	

（二）月工作计划

前厅经理确定了每一个月的重点工作之后，就要制订具体每个月的具体工作计划。表3-2是某前厅经理的月工作计划。

可以看出，前厅经理该月工作重点是抽查待售客房。现在，你也可以根据自己月工作重点来编制一份月工作计划表。

随手札记

表3-2　月工作计划

序号	工作内容	阶段目标	目标达成时间				责任人
			第一周	第二周	第三周	第四周	
1	检查前厅设备	修理或更换已损坏的设备	○				
2	抽查待售客房	确保每间待售客房都已清理完毕	○	○	○		
3	收集客人意见表	根据客人意见改进工作中不完善的地方			○		
4	客房设备维修保养	向新员工仔细介绍酒店概况及前厅部具体情况			○	○	
5	开展前厅部月度员工培训计划	提高员工实际操作技能		○			
6	准备本月工作总结和下月工作计划	了解本月前厅部经营情况，对不完善的地方注意改进				○	
…	……						

二、编制每月排班表

酒店的工作是日夜连续不停的，因为随时都可能会有客人来投宿。尤其是前厅部接待处，必须24小时都有员工值班。为了保证前厅部工作的顺利进行，前厅经理必须仔细排好班次，规定每个班次的工作内容，以便合理安排员工当班。

一般来说，前厅部的班次分早班、中班、夜班三个班次。前厅经理要根据每天不同时段客人流量的实际情况安排人手，不必每班人数相同。

下例是某酒店前厅部各班工作分配规定，仅供参考。

【范例13】

××酒店各班工作分配规定

1.目的

为规范前厅部各个班次的工作内容与要求，使之有章可循，特制定本规定。

2.适用范围

前厅部所有工作人员。

3.内容

各班的工作基本分配如下：

3.1　早班

3.1.1　与夜班同事做好交接班工作，了解昨晚发生的事情、处理的结果及哪些工作需要交代早班，以及要求早班帮助解决和特别要说明的事情。

3.1.2　了解昨晚的开房情况、今天的

销售房数、今天的到房数、可开房数及客房状况。

3.1.3 了解当天的开房情况，有多少VIP客人、特别客人、散客和团体客人等。

3.1.4 准备当天退房客人的资料，以便处理客人退房事宜和追回所有离店客人的房间钥匙。早上是客人离店较集中的高峰时期，要做好离店客人的接待工作，如介绍客人到收银处结账；特别是要收回离店客人的房间钥匙，若跟催不紧被客人将房间钥匙带走，将由当班员工负责赔偿，每把钥匙赔偿100元。

3.1.5 早班主管检查夜班同事各项工作完成的情况，包括各种报表是否准确，以避免租错房间。

3.1.6 负责问询的员工对邮件、报纸要及时分发，客人代寄的邮件要通知行李员送出投寄。

3.1.7 做好接待当天预订客人的各项准备工作，并做好抵店入住客人的接待工作。

3.1.8 至12：00对仍未退房的散客要及时与客人联系，确认客人的离店时间；如客人续住，应请客人办理续住手续。

3.1.9 当班过程中，如有重要通知及有待解决的事情和问题，必须填写交班记录。

3.1.10 完成上级交给的其他各项工作和任务。

3.2 中班

3.2.1 与早班同事做好交接班工作，了解早班发生的事情、处理的结果和哪些工作需要向中班交代，以及要求中班帮助解决和特别要说明的事情。

3.2.2 了解当天的到房数、可开房数及客房状况。

3.2.3 了解和知道当天的开房情况，有多少VIP客人、特别客人、散客和团体客人。

3.2.4 熟悉订房资料的内容，尤其是VIP客人、特别客人和重点客人的订房情况和工作要求。

3.2.5 继续关照好离店客人结账，注意接收离店客人钥匙。

3.2.6 充分做好迎接客人到店的准备

随手札记

工作，有条不紊地为客人办理入住手续。

3.2.7 积极介绍酒店的各种服务设施和服务项目，具有强烈的销售意识。

3.2.8 迅速、准确地将住店客人的资料分类整理好，尽快将资料分发给有关部门，并保证将住店客人的资料全部移交给前台收银处。

3.2.9 严格检查入住客人的证件，对客人的临时入住登记表要认真查验并保证跟催交齐；维护国家的法律制度和酒店的规定，保障住店客人的生命财产安全。

3.2.10 做好住店客人的接待工作，对客人的意见、投诉，要诚恳、耐心、礼貌、迅速、周全地予以解决。

3.2.11 正确填写好第二天的“预期客人离店表”，分发至各有关部门，以便前台和各部门能提前做好对离店客人的接待准备工作。

3.2.12 对因故未到和取消的预订客人，在接到确切消息后，必须书面通知有关部门。

3.2.13 做好客人的各种预订工作，将客人的邮件、信函、留言条等物品尽快交到客人手中。

3.2.14 注意大堂的动向，与大堂副理、大堂保安密切配合，维护大堂的秩序，避免发生意外。

3.2.15 当班过程中，如有重要通知及有待解决的事情和问题，必须填写交班记录。

3.2.16 完成上级交给的其他各项工作和任务。

3.3 夜班

3.3.1 与中班同事做好交接班工作，了解中班发生的事情、处理的结果和哪些工作需要向夜班交代，以及要求夜班帮助解决和特别要说明的事情。

3.3.2 继续做好住店客人的接待工作和办理客人的入住登记手续。

3.3.3 认真核查当天各班的所有工作情况，准确地制作各种报表。

3.3.4 与财务部夜间稽核人员共同审核当天房间的收入情况，对于发现的问题要即时更改；此项工作必须在凌晨4:00前全部完成，以便所有的资料均准确无误。

3.3.5 正确制作当天的营业日报表，将当天的营业情况报告管理层及有关部门。

3.3.6 将当天抵店的全部客人的临时住宿登记资料全部分类整理好，并仔细检查，保证资料内容准确无差错，以便早班同事上班后将资料传送至企业计算机管理系统。

3.3.7 打印当日各项报表，分送给各有关部门和人员。

3.3.8 整理次日抵店客人的预订资料并开好团体名单（GROUP LIST）。

3.3.9 认真核对、检查客房的钥匙，将检查的结果写入交班簿。

3.3.10 夜班是在酒店领导休息，绝大部分员工回家的情况下工作的，因此要保持高度的工作责任心，要保持与值班经理及各部门值班人员的联系，以便有事发生时能及时通报，做到及时、妥善解决。

3.3.11 注意在大堂有否可疑或行为不端的人物，维护酒店和客人的安全。

3.3.12 整理前台柜台，保持整洁美观。

3.3.13 当班过程中发生的重要事情及处理的结果必须写入交班记录。

3.3.14 将当天因故未到或取消的客人预订资料交到早班员工手中，通过他们将资料退回到订房部门并查清客人是否还会到，以便做好接待准备。

3.3.15 完成上级交给的其他各项工作和任务。

以上是每天的工作安排和内容，前厅经理还需要对前厅部所有员工安排一个月的班次。表3–3是某酒店某月排班表，仅供参考。

三、前厅部新员工培训

酒店人力资源部会对入职新员工进行总体培训。当员工分配到前厅部之后，前厅经理要从前厅部门角度出发，对员工进行部门级专业培训，这是以部门相关工作为主。

新员工培训是前厅经理的一项重要工作职责，缺乏培训可能会导致他们在工作中出现失误、工作效率低下等情况，降低客人满意度，从而降低整个酒店的收入。对新员工培训以及监督新员工操作可以长期保证最高工作标准，并且可以与新员工

表3-3　××酒店前厅员工每月排班表

序号	姓名	工号	1	2	3	4	5	6	7	8	9	10	…	31
1	×××	3003	A	A	A	B	B	B	A	A	A	A		B
2	×××	3004	C	C	C	C	C	B	B	B	B	B		B
3	×××	3005	B	C	C	CB	B	B	B	B	A	A		A
4	×××	3006	B	B	A	A	A	B	B	B	C	C		C
…														

注：其中，A代表早班，B代表中班，C代表夜班。3003、3004等是员工的工号。

随手札记

建立良好的工作关系。下面两个范例是前厅部商务中心和礼宾部员工的新员工入职培训内容，仅供参考。

【范例14】

××酒店前厅部商务中心新员工入职培训内容

第1天：酒店概况介绍，本部门各岗位区域的参观。

第2天：前厅部组织结构图，各分部简介，部门规章，电话礼仪及标准。

第3天：打字服务和复印服务。

第4天：传真服务和票务服务。

第5天：洽谈室出租，快递及邮政服务。

第6天：小商品出售，商务中心工作规程。

第7天：接待工作流程图，散客入住和演练。

第8天：课程回顾与书面测验。

第9天：计算机的使用规则，传真机、复印机、碎纸机的使用方法。

第10天：对计算机的使用规则，传真机、复印机、碎纸机的使用方法进行测试。

第11天：计算机、传真机、复印机、碎纸机的日常保养及基本故障的排除。

第12天：对计算机、传真机、复印机、碎纸机的日常保养及基本故障的排除进行测试。

第13天：各类报表的使用目的及填写方法。

第14天：对各类报表的使用目的及填写方法进行测试。

第15～22天：跟商务中心的早班进行实际的对客服务。

第23～30天：跟商务中心中班进行实际的对客服务。

第31天：根据新员工的测试总成绩及领班和员工的评价，决定该新员工是否需要再次接受培训课程或开始正式单独当班。

【范例15】

××酒店前厅部礼宾部新员工培训内容

第1天：酒店概况介绍，本部门各岗位区域的参观。

第2天：前厅部组织结构图，各分部简介，部门规章，电话礼仪及标准。

第3天：散客和团队行李的处理及演练。

第4天：行李寄存和换房程序演练。

第5天：邮件传递，报纸分发，车辆出租，物品转交及演练。

第6天：雨伞租借服务，迎送客人，班次交接，礼宾部工作规程。

第7天：计算机的使用规则，传真机、复印机、碎纸机的使用方法。

第8天：课程回顾和书面测验。

第9天：熟悉客房内设施设备的使用，礼宾部设施设备的使用，站门的要求。

第10～20天：跟礼宾部的早班进行实际的对客服务。

第21～30天：跟礼宾部的中班进行实际的对客服务。

第31天：根据新员工的测试总成绩及领班和员工的评价决定该新员工是否需要再次接受培训课程或开始正式单独当班。

前厅经理要紧密跟踪各部门新员工的培训进程，仔细了解每位新员工的学习进展，以便视情况作出恰当的安排，比如接待部有新员工在培训中表现优异，已提前学会各项基本技能，前厅经理可考虑将这位员工提前安排到岗参加实际操作。

为了便于统计这些情况，前厅经理可以制作一张新员工培训进度表，这样做的好处如表3-4所示。

表3-4　前厅部新员工培训进度表

序号	培训内容	日期	带班人员	员工签名	管理人员考核（优、良、差）
1	了解酒店主管级以上人员的姓名和职位				
2	参观酒店所有房型，了解各楼层布局				
3	酒店内部各主要部门的分机号码				
4	仪容仪表和礼节礼貌要求				
5	前台接待岗位职责				
6	话务台（接听挂断、置忙、转接电话、来电查询、设置叫醒、叫醒和开通长话）				
7	熟悉各类房价、房型（门市执行价、会员价、协议价、网络价及午夜房、凌早房、钟点房）				
8	交接班程序				
9	各班次主要工作内容				
10	客房预订（填写预订单、计算机做预订）				

随手札记

（续表）

序号	培训内容	日期	带班人员	员工签名	管理人员考核（优、良、差）
11	设置房卡				
12	扫描证件，传输治安系统				
13	前台各类单据的填写				
14	办理计算机入住程序				
15	计算机设置叫醒、开通国内长途服务				
16	换房程序				
17	办理保KEY程序				
18	外来人员拜访住店客人的接待程序				
19	客人退房程序				
20	物品租借程序				
21	行李寄存，物品转交				
22	客房销售技巧				
23	客人叫开门				
自我评定：					
部门经理评定：					

（1）及时了解每位新员工的培训进度。

（2）便于发现表现优异的新员工，使其提早到岗，为酒店节约培训成本。

（3）便于了解新员工在培训过程中遇到的疑点和难点，根据需要作适当调整。例如大多数新员工对设置房卡理解困难，前厅经理可要求培训人员耐心讲解和指导。

四、在职员工培训

前厅经理除了要安排新员工的入职培训之外，也要对在职员工的培训工作予以高度重视。因为前厅部每个岗位都有很多专业知识，需要在职员工不断地深入学习。一般来说，在职员工的培训工作包括以下几个方面：

（一）优质服务意识培训

酒店是服务行业，服务水平的高低直接决定了酒店的形象和最终收益。但是许多员工，即使已经正式入职很长时间，却仍然没有充分认识到服务的重要性，导致在平时对客服务中出差错，引起客人不满，给酒店造成损失。

前厅部是客人入店后接触到的第一个部门，也是他们了解酒店的窗口。前厅部服务质量的高低将决定他们对酒店的第一印象，因此对前厅部服务意识的要求就更为严格。前厅经理应充分认识到这一点，并对部门员工进行有针对性的服务培训，反复不断地向员工强调优质服务意识。下例是某酒店前厅部服务培训的标准，仅供参考。

【范例16】

××酒店前厅部服务培训标准

1.目的

为提高前厅部人员的服务质量，提升酒店形象，特制定本规范，望相关人员遵照执行。

2.仪容仪表

（1）前厅部所有员工都须穿着整洁，工服须经常换洗，皮鞋必须始终保持干净光亮。

（2）工作牌须别在外衣或大衣左胸前。

（3）女员工须化淡妆，将长发梳起，保持整洁。

（4）前台接待员工的站姿要保持直立，但注意不要僵硬，不能倚靠墙壁或桌椅，更不能背靠前台。

（5）行李员站姿也应保持直立，双手放在身后或身体两边，站在规定的位置。

3.工作行为

（1）工作时间禁止看报纸或杂志。

（2）工作时间禁止睡觉。

（3）工作时间禁止吸烟。

（4）工作时间禁止聊天。

4.礼节礼貌

（1）前厅部员工在任何时候都必须以友好、礼貌、关心的态度接待客人。

（2）不允许与客人争吵，即使是客人的错，也要记住：客人至上。

（3）如果是我们的错，要向客人真诚地道歉，说："对不起，先生/小姐。"

随手札记

（4）主动向客人问好，始终保持微笑与目光接触。

（5）使用标准问候语：早上好，下午好，晚上好，晚安等。

（6）不要对客人说“不”，如果你听不懂或不知道答案，可以请求别人帮助。

（7）在与客人交谈时尽量使用尊称。如果是常客，应事先查出他的姓名，以全名称呼。

（8）要经常使用“请”和“谢谢”。

5.电话礼仪

（1）电话铃响三声内必须接起，先问好，再报所在酒店部门和自己姓名。

（2）使用标准用语。

早上好/中午好/晚上好/晚安

预订部/前台接待/商务中心/行李房

某某为您服务。

（3）总机话务员标准用语。

外线电话：早上好/中午好/晚上好/，某某酒店，我能为您做些什么？

内线电话：这里是总机，某某为您服务。

6.其他标准

（1）前厅部员工应熟知酒店各项服务设施。

（2）前厅部员工应熟知餐厅营业时间、特殊时间和周边旅游知识。

这种培训不像岗位技能培训，完全掌握后就不必再学，它必须长期进行下去，以不断强化前厅部员工的服务意识，使他们在任何时刻都不松懈，都严格遵守培训中的服务规范。只有这样，员工才能慢慢地形成牢固的服务意识，以便在日后对客服务中做得更好。

（二）岗位技能培训

要想员工以最佳效果完成工作，就必须进行岗位技能培训。尽管有些在职员工都已接受了这些培训，但在平时的工作当中往往又忽略了，如预订部员工在进行预订服务时常常会忘记询问客人联系电话等，或者对技能的掌握程度不足，如办理退房手续的效率和效果欠佳等，通过这些岗位技能培训可使在职员工的工作水平得到不断的提升。

1.培训目标

目标是使前厅部员工了解：

（1）酒店的性质和本岗位的工作内容。

（2）熟悉前厅服务的礼仪礼节。

（3）熟悉各岗位的工作流程、方法、技巧。

（4）熟悉酒店星级服务的标准、操作技巧。

2.培训内容

前厅部岗位技能培训内容，如表3–5所示。

（三）升职晋级培训

酒店内有一大批基层管理员工如各部门领班主管等，他们往往会有比较强烈的升职愿望。对前厅部来说，预订处、接待处等部门也有很多基层管理员工，前厅经理应高度重视他们对升职晋级的强烈需求，与人力资源部进行合作，制订相适应的培训计划，如表3–6所示。

表3-5　前厅部岗位技能培训表

序号	培训内容
1	酒店组织机构、各部门负责人及联系方式等
2	对礼貌礼节、仪表仪容、敬语的具体要求
3	客人订房：电话预订、更改、取消预订
4	礼宾员及其他人员的站姿与微笑
5	礼宾员的拉门、拉车门动作
6	行李递送、寄存和分发
7	客人物品递送
8	委托代办服务
9	住店客人函件处理
10	前厅各岗位人员（礼宾、接待、问询、商务中心、客房中心）的职责与权利
11	受理传真、登记、信息输入
12	证件扫描、传输与公安局外事科的联系
13	房卡填写、早餐券发放及管理
14	预订单的检验
15	预订的注意事项及No Show的防止、处理
16	团队分配客房、团队接待、散客接待
17	预订客人抵达流程、散客入住
18	持订房凭证入住客人
19	输入合同
20	办理客人代付款手续
21	离店准备、散客结账
22	长住客人的接待
23	制作更换长住、不定期客人房卡
24	前厅与酒店其他各部门的沟通
25	前台传真收发及留言的处理
26	投诉的类型、对待、处理
27	客史档案的建立
28	续住客押金的处理（电话、留言、上房等）
29	航班、车次、邮编、国家代码、国内区号、省内相关信息
30	商务服务项目及收费标准
31	e–mail、复印、封塑、计算机出租、客票预定及TIX自动选票系统
32	长途电话服务、代客中英文打字
33	物品租赁
34	托婴服务
35	转房、换房、上房收取续租金的操作程序及注意事项
36	房租变更
37	延时退房、散客退房/续住

（续表）

序号	培训内容
38	客人加床
39	房费减免
40	团队叫早及处理
41	夜班工作
42	交班
43	邮递服务的操作程序及注意事项
44	客人行李的遗失与破损的处理
45	大堂经理的职责权限与要求
46	班前准备、阅读工作日志
47	检查各点仪表仪容检查
48	VIP/会议的准备
49	公共区域巡视
50	会前准备、参加酒店早会/会议
51	VIP接待
52	处理突发事件
53	投诉的分析及处理
54	检查落实会议内容
55	处理客人遗留物品
56	征询客人意见

（续表）

序号	培训内容
57	处理客人房门锁失灵
58	处理结账客人纠纷
59	检查各点对客服务状态
60	检查各营业点结尾工作
61	做工作日志
62	酒店客房的各类房态及房价
63	顾客心理分析：求尊重、方便、廉价、平衡、需要、新奇
64	前厅管理人员：查看报表
65	参加酒店会议/部门会议
66	检查员工仪容仪表、到岗情况
67	抽查前一天班组工作
68	协调各班组工作
69	消防演习
70	处理突发事件
71	现场巡查督导、做工作记录
72	酒店前厅英语（口语和专业术语）
73	计算机操作培训
74	消防培训
75	消防演习

表3-6　前厅部管理人员的培训课程及其内容

序号	培训课程	内容
1	本酒店的发展与理念	(1) 本酒店的发展和愿景 (2) 本酒店的经营理念 (3) 本酒店的组织结构和管理系统 (4) 本酒店的企业文化和核心价值观 (5) 本酒店的产品和服务的特点
2	本酒店的市场和销售政策	(1) 市场细分的重要性和必然性 (2) 市场细分与定位的方法和步骤 (3) 价格政策 (4) 开业销售流程 (5) 销售分析与计划 (6) 销售报表分析
3	前厅管理与运行标准	(1) 前厅服务营销理念 (2) 接待程序和要求 (3) 预订流程和管理 (4) 房态控制和排房技巧 (5) 夜间稽核 (6) 前台人员配置和评定 (7) 客人投诉处理
4	财务制度和规定	(1) 政府财政政策 (2) 基础会计概念 (3) 各类报表分析 (4) 经营预算和差异分析 (5) 酒店财务制度
5	质量管理体系和标准	(1) 现代酒店质量的定义 (2) 酒店质量管理的国际标准

（续表）

序号	培训课程	内容
5	质量管理体系和标准	(3) 酒店质量管理体系 (4) 酒店质量标准和实施方法 (5) 酒店管理质量的管理模式 (6) 客人投诉和质量管理
6	酒店培训体系	(1) 酒店培训体系 (2) 培训需求分析 (3) 培训计划和实施 (4) 培训评估 (5) 编制培训计划和实施方法
7	酒店安全管理	(1) 酒店业的安全相关法律 (2) 酒店消防与安全要求 (3) 客房钥匙管理 (4) 客人意外事件的处理 (5) 酒店突发事件的应急方案 (6) 消防和安全设备的使用方法 (7) 日常安全检查
8	国内外连锁酒店集团的发展	(1) 酒店业的发展历史和趋势 (2) 国内外连锁酒店的发展状况 (3) 连锁酒店集团的优势 (4) 连锁酒店信息共享的收益 (5) 国内经济型酒店的现状与发展前景
9	现代酒店营销管理	(1) 酒店的需求分析及对策 (2) 酒店客源市场的细分 (3) 酒店SWOT分析方法 (4) 酒店客源资料收集与分析方法

（续表）

序号	培训课程	内容
9	现代酒店营销管理	（5）对竞争对手的分析方法 （6）酒店目标市场营销战略选择 （7）酒店价格制定方法与策略
10	酒店收益管理	（1）收益管理的原理和方法 （2）客房库存管理 （3）价格折扣制定 （4）住宿天数控制管理 （5）收益管理相关公式 （6）收益策略 （7）市场细分 （8）旺季策略 （9）可供房控制策略 （10）预测要素和数据
11	沟通管理	（1）有效沟通的原理和原则 （2）酒店组织沟通的有效方法 （3）组织管理幅度对沟通的影响 （4）非正式组织的沟通手段 （5）人际沟通类型选择 （6）酒店各部门间沟通协调的必要性 （7）导致沟通成功或失败的假设 （8）有效的人际沟通障碍 （9）对员工冲突问题的处理方法 （10）对客人意见和投诉的处理方法
12	品牌管理	（1）现代品牌的含义与发展 （2）品牌资产的价值 （3）品牌识别概念与企业识别

（续表）

序号	培训课程	内容
12	品牌管理	（4）品牌定位 （5）优化品牌识别系统 （6）品牌传播要素及策略 （7）品牌设计方案及风格个性体现 （8）品牌评估的方法及模型 （9）品牌评估系统及应用
13	领导艺术和科学	（1）领导的定义和功能 （2）领导的类型及其效应 （3）领导艺术及其心理依据 （4）领导特征与能力的来源 （5）如何选择领导方式 （6）树立公司的价值观念 （7）酒店总经理的工作框架和角色
14	法规与国际惯例	（1）酒店法的产生和发展 （2）酒店法的基本内容和作用 （3）酒店与有关业务部门之间的相互权利义务 （4）现代酒店的义务与权利 （5）其他相关法律和法规
15	酒店工程设备维护管理	（1）酒店工程设备维护的职责 （2）酒店能源费用的分类和比例分析 （3）工程设备维修与设备更新 （4）工程设备维修的工作程序 （5）工程维修的工作评价 （6）工程维修保养计划 （7）工程维修费用预算

（四）外语培训

外语培训对涉外酒店或接待外宾较多的酒店较为有用，它主要分为两部分：一是酒店岗位外语部分，要求每位在职员工都必须达到某种水平，如初级、中级或高级，同时明确要求不同级别员工必须达到的外语水平：如领班主管必须要通过中级，基层员工必须通过初级，而部门经理必须通过高级等；否则不给予提升或加薪，将外语作为员工素质的一部分，纳入到酒店薪酬体系当中。

当然这就要求培训部的外语培训资料是完善的和客观的，对不同级别的外语的培训资料、考核等必须是配套的。另一部分就是一般性的外语培训，同样可分为初级和提高两类，主要为那些外语基础较差或较好的员工而设置。

五、联系相关旅行社、旅游网站

销售客房也是前厅经理的一项重要工作，而旅行社、旅游网站能为酒店带来大量客人，有些酒店甚至主要依赖它们带来的客流，因此，前厅经理应与有合作关系的旅行社、旅游网站、航空公司等机构经常保持联系，最好每个月都能电话或者当面沟通。

（一）与旅行社

旅行社是酒店客源的传统来源，与旅行社搞好关系是做好销售工作的重要步骤。前厅经理应常与有合作关系的旅行社进行沟通联系，必要时可馈赠礼品，以此来维护彼此间的关系。同时，前厅经理也应当积极联络新的旅行社，争取与他们成为合作伙伴，一起为客人创造更多的利益。当与一家旅行社确定合作关系后，前厅经理可与他们签订合作协议，如下例所示。

【范例 17】

××旅游服务公司与酒店合作协议

甲方：××旅游服务公司（以下简称甲方）

乙方：××酒店（以下简称乙方）

随手札记

星级：______星级

甲乙双方就乙方加盟甲方运营平台：__________，乙方向甲方各成员单位提供优惠客房，并成为甲方网络平台的加盟会员酒店，经友好协商达成以下合作协议：

一、客房协议价格（酒店也可自附房价表等相关说明，无建议售价可不填。）

（1）

房间类型	门市价	结算价	建议售价
________	______	______	________
________	______	______	________
________	______	______	________
________	______	______	________

早餐：______份；加床：______元。

（2）为了更好地推广乙方酒店，乙方应在签约价格上无倾斜政策，建议返佣金额在______元以上。

（3）奖励政策：甲方每月完成____间次奖励______元/间次，完成______间次奖励_______元/间次，完成_______间次奖励_______元/间次。

（4）团队含义：同进同出________间以上为团队接待，价格为一团一议。

二、关于客房预订

1.甲方各成员单位免费为酒店进行客源招徕与必要的促销，乙方负责协调酒店销售部、预订部及前厅部，配合好甲方各成员单位预订单的落实确认与到店客人的入住安排。

2.甲方各成员单位在客人抵店前通过传真方式通知乙方，乙方按订单上传真号码回传给各成员单位确认。

3.对于遇到销售部、预订部休息下班，在无法联系到乙方销售人员的情况下，甲方各成员将直接发传真到乙方前台，由乙方前台按甲方各成员传真内容先予以接待。总台或商务中心传真号码：__________

4.因乙方原因造成甲方各成员单位预订客人不能顺利入住，乙方应负责免费给客人升级或在客人同意的前提下，将甲方客人安排同星级酒店，佣金应照常返还。

5.甲方客人退房时间为中午_____点，如客人要求延迟退房，乙方视当天房态情况尽量满足甲方客人的要求。

6.当甲方客人直接向乙方要求延住时，乙方可按甲方原先的传真预订价格给客人续住，佣金应照常返还。

7.乙方______点为正常保留时间（特殊情况请在预订单上注明），_____点以后甲方成员单位取消预订客房，以传真或电话通知乙方。

销售部休息日期：____________

下班时间：__________________

预订部休息日期：____________

下班时间：__________________

三、关于夜审跟单

1.为减少No Show给乙方酒店带来不必要的损失，甲方各成员单位每天在___前后，以电话形式直接与酒店前台或预订部联系，对保留至_______的客房进行跟单，以便保留或及时取消，酒店应通知前台或预订部给予配合，正确告知甲方预订的客户是否到店以及入住房号的情况。

2.__________________________。

四、关于付款、结算

1.当甲方客户入住酒店时，乙方总台按甲方传真所指定的协议价格直接向客人收取所有房费。房费差价（佣金）归甲方所得。乙方佣金差价税_______%。

2.甲方在每月_____日前向乙方提供上月甲方各成员单位客人入住详细资料（包括客人姓名、入住房价、入住日期、离店日期、夜次及返佣金额）经双方核对确认后，订房佣金由乙方在每月____日前汇入甲方指定的账号，并由甲方向乙方开具发票，如果乙方未能按时汇款，甲方向乙方收取每日____‰的滞纳金。

备注：扣差价税的酒店，甲方只向乙方开具收款凭证（收据）；未扣差价税的酒店，甲方提供收款发票。

五、双方的权利和义务

1.乙方应协助甲方接待好客人，为客人提供优质的全方位服务，做好预订、财务结算工作。

2.甲方各成员单位的订房，乙方正常保留至当天_____点（视当日房源情况可适当延长保留时间）。

3.乙方遇门市散客价格调整或推出特惠价格时，应及时以传真形式提前_____天书面通知甲方，并要在甲方确认之后开展工作。

4.双方签约人员中如有人离开原工作岗位，应及时书面通知对方，原协议有效。

5.在设置甲方名称时，请统一用“×××”名称设置，便于甲方成员单位的客人查找预订信息。

6.乙方若有装修、停业等影响客人入住的情况，务必提前通知甲方。

7.甲方不为任何客人和成员单位承担欠款和担保。

六、特别说明

1.所有用×××客房预订通知单入住的佣金，由×××法人单位：____旅游服务有限公司负责统一结算。开户全称：×××旅游服务有限公司开户银行：___________，银行账号：___________。

2.×××平台：已为酒店免费开通了，无须传真确认，无通信费用的e-booking（即时房态）和e-confirm（即时确认系统）和移动商务平台（手机短信订房、即时短信确认系统），酒店可免费申请开通。

3.为便于更好地合作，双方合作协议期为长期有效，甲方各时段房价以乙方的调价通知为准。

随手札记

七、管辖法律及仲裁

本协议一式两份，双方各执一份，盖章签字后生效。本协议受中华人民共和国法律管辖。凡由于执行本协议而发生的一切争执，应当通过友好协商解决。如不能解决的，则可诉诸仲裁。仲裁应当提交________仲裁委员会，按照________仲裁委员会的仲裁规则仲裁，该仲裁的裁决是终局的，双方必须遵守。此协议传真件同样有效。

甲方：　　　　乙方：（盖章）

地址：　　　　地址：

电话：　　　　电话：

传真：　　　　传真：

（二）与旅游网站

旅游网站是一种新兴的订票、订酒店方式。随着网络的普及，尤其是3G网络的广泛推广，越来越多的人在携程网、艺龙网等旅游类网站上预订酒店，这种方式比传统的找旅行社订酒店更方便快捷，因而也越来越受欢迎。

前厅经理应充分重视与旅游网站之间的合作，争取与几家大的以及本地的旅游网站合作，与他们签订合作协议，为酒店带来更多的客源。下例是某酒店与一家旅游网站签订的合作协议，仅供参考。

【范例18】

××旅游网与酒店协议

编号：

甲方：××文化传播有限公司（以下简称甲方）

地址：

邮编：

乙方：

地址：

邮编：

双方在平等协商的基础上，本着互惠互利、长期合作的原则，签订以下协议。

一、双方约定

1.预订合作

乙方授权甲方作为乙方酒店产品的销售单位，在甲方所属××旅游网上销售乙方的相关产品。

2.甲方可以自由组合与乙方酒店相关的旅游产品

3.乙方向甲方提供房间及附加业务价格如下（单位：人民币元）

客房类型	门市价	前台优惠价	结算价	网络售价	是否含早餐	是否可加床
附加业务						

中式早餐：________元/位

儿童早餐费用：________

儿童早餐收费标准：________

自助早餐：________元/位

儿童早餐费用：________

儿童早餐收费标准：________

加床：________元/床

备注：（1）周末指周______至周______。

（2）以上价格均含服务费。

（3）以上价格之外，乙方提供的其他增值服务需以合同附件形式特别声明，否则产生的任何损失均由乙方承担。

4.酒店信息表

乙方保证“酒店信息表”中所列的信息准确无误，并承诺其提供给甲方的信息真实、完整；如其信息发生变更，则乙方须及时书面通知甲方更新。若由于乙方提供信息不准确或更新不及时所产生的相关损失均由乙方承担。

5.签约协议

若合同到期，双方未完成续约，也未书面提出终止合作的，则按最近的合同顺延，直至双方签署新的合同为止。

二、客房预订

1.客房调整

当乙方房量紧张时，应提前_____日以书面形式通知甲方，以便甲方能及时调整预订（如时间紧急可通过电话通知，但须在通知后应立即以书面形式补充通知）。对于紧急订房，在无法联系到乙方销售人员的情况下，甲方将直接发传真至乙方前台，由乙方前台按甲方传真内容先予以接待，乙方应该协调好销售部和前台的工作。

2.客人入住

（1）如因乙方原因造成甲方客人不能顺利入住，乙方应全责免费给客人升级或在客人同意的前提下，将甲方客人安排至同等或者更高服务等级的酒店，承担由此产生的额外费用，并按照原协议价格进行房费结算，由此产生的费用也由乙方承担。

（2）乙方接受甲方预付的房费后，应当为甲方客人按照订房要求预留客房，并保留足够的天数（以甲方客人订房天数为准）。

3.退房

甲方退房时间为每日中午12:00整（如乙方规定的退房时间晚于此时间的，以乙方时间为准），如客人要求延迟退房，乙方可视当天房态情况尽量满足甲方客人的要求。

随手札记

4.客房续住

（1）当甲方客人直接向乙方要求延住时，乙方应及时通知甲方，并由甲方与客人确认后重新预订。如因特殊情况无法重新预定的，可按甲方网站续住当天价格现付给酒店前台予以续住，并将此现付价与结算价之差作为佣金，在下次甲方与乙方进行结算时抵扣，同时将此算作甲方业绩。

（2）乙方不通过甲方直接向甲方客人提供续住服务的，若发生两次以上此类事件，甲方有权单方面无条件解除合同。

（3）客人不通过甲方直接向乙方提出续住的，客人在酒店发生的一切行为以及遭受的一切损失与甲方无关，由乙方负责处理。

5.房价调整

（1）乙方有权变更价格，但须至少提前三个工作日以书面形式通知甲方并经甲方确认，乙方对变更价格的准确性负责，若更改价格未通知到甲方或未得到甲方确认，乙方承担由此带来的相关损失。

（2）乙方对价格的调整不影响甲方确认前客户通过甲方已成立的但尚未履行的订单，否则产生的相关损失由乙方承担。

（3）“甲方确认”指甲方在收到乙方价格调整的书面通知后，以传真回函的形式对A旅游网上乙方产品价格调整的明确声明。

（4）“甲方确认”作为双方结算等的依据，该确认并不排除或限制乙方对房价调整的权利。

（5）本协议第一条第3点表中的A网络售价适用时间为_______。乙方须保持严谨的价格体系，不得有任何形式的“倒挂”行为，倒挂是指在相同时间段，乙方给甲方的同一房型的A网络售价（包括服务费和早餐等因素）高于乙方前台执行价格（包括酒店网站、国内外各渠道网上销售价格和会员卡促销价等非公司协议客户价）。如协议有效期内乙方相关产品的网络售价发生调整，乙方应提前_____日书面通知甲方确认；如网络售价调高，则相关调整不影响甲方已经产生但游客尚未履行的订单的执行，乙方应按照不高于调整前“结算价/网络售价”的标准向甲方提供新的结算价；如网络售价调低，则甲方已经产生但游客尚未履行的订单按照调整后的价格政策执行；如因乙方相关产品的网络售价发生调整但未及时书面通知甲方并经甲方确认而造成甲方损失（如由甲方先行赔付给游客的损失等）的，乙方应承担相关损失。

（6）确认日及其之前产生的订单，订单的履行及结算等情况按照上述第（5）款的规定处理，确认日起第二日所产生的订单，按照调整后的价格执行。

6.关房

（1）乙方没有空余房间预订的特殊情况下，乙方应在得知无空余房间的第一时间通知甲方进行关房处理。

（2）因乙方怠于通知甲方导致甲方接受客人订单面临客户违约索赔时，所产生的违约责任由乙方承担。

7.修改、取消订单

订单成功后甲方可随时通知乙方对订单内容进行修改、取消，最晚修改、取消订单的时间为客人入住前一天的中午

12:00，如乙方对最晚取消订单时间有异议，应与甲方协商将该时间变更为客人入住前一日的________时。

所有修改、取消订单均应以甲方的书面传真为准。

三、付款、结算及入住

1.甲乙双方约定采取以下结算方式：

甲方预收客人款项并与乙方每笔订单结算：甲方须在客人入住前将费用（按结算价）打给乙方或传真经甲方盖章的担保函。乙方须在月底之后___个工作日内，将上月总结算款的全额合规发票交至甲方。

2.客人向甲方成功预订乙方产品后，甲方以传真方式将订单信息告知乙方相关部门，客人凭有效证件办理入住手续。

3.甲方于第二天上午将前一天的预订单汇总表以及已住店客人情况表发往乙方，由乙方专人在预订单汇总表上填写客人入住房号，在已住店客人情况表上填写客人正确的离店日期并于当天下午回传甲方。

四、双方账号

甲方开户名称：××文化传播有限公司

甲方开户银行：××银行××支行

甲方开户账号：

乙方开户名称：

乙方开户银行：

乙方开户账号：

五、权利与义务

1.乙方负责提供双方合作产品相关图片、文字等资料，并授权甲方在相关营销环节使用。乙方确保所提供资料的准确性及不侵犯任何第三方的合法权益，如有悖于上述约定而给第三方或甲方造成损失的，由乙方赔偿第三方及甲方的全部损失。

2.乙方确保甲方客户在酒店前台能按照订单顺利入住，甲方客户在乙方住宿或用餐过程中发生的任何人身安全事件与甲方无关，若客户向甲方索赔的，甲方本着积极应对，防止损失进一步扩大的原则处理，如甲方对客户进行理赔的，则有权向乙方追偿。

六、其他

1.本协议一式四份，双方各执两份。协议经签署后具有法律效应。

随手札记

2.本协议执行有效期自___年___月___日至___年___月___日，协议满期前一个月如双方对继续合作没有异议，则协议自动延续。

3.甲、乙双方不得将本协议的条款向第三方公布。

4.协议双方不得单方面擅自变更或终止本协议。

5.协议双方均须遵守本协议项下的各项约定，如有违反，违约方须向守约方赔偿其实际损失数额，同时守约方应当向对方当事人出示其损失的证据。

6.协议未尽事宜双方协商解决。如对本协议执行有争议且无法协商解决，双方皆可向原告方所在地有管辖权的人民法院申请诉讼。

甲方：××文化传播有限公司	乙方：
甲方代表签字：	乙方代表签字：
联系人：	联系人：
电话：	电话：
传真：	传真：
手机：	手机：
工作邮箱：	工作邮箱：
签署日期：	签署日期：

（三）签订返佣协议

酒店一般要与旅行社或旅游网站签署返佣协议，作为他们为酒店带来客源的佣金。前厅经理应与营销部经理相配合，在取得酒店高层同意后，与他们进行谈判。谈判时必须注意既不能报价太低导致谈判破裂，也不能接受对方过高报价给酒店造成损失。

六、市场调查

前厅经理应与营销部经理配合，做好酒店市场调查工作，只有了解了市场状况，酒店才能作出适当的对策。

（一）市场调查的内容

前厅经理所做的市场调查要包括直接或间接影响酒店营销的各方面信息，除对当地现有的主要客源进行必要的了解和分析之外，还要对国内和本地的政治形势、经济发展，特别是旅游业的发展状况，作全面调查研究，因此，市场调查的内容极为广泛。

市场调查内容如图3-1所示。

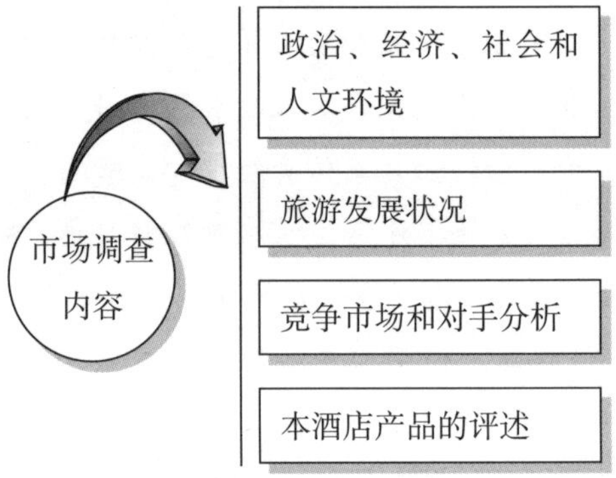

图3-1 市场调查内容

1.政治、经济、社会和人文环境

（1）中央和地方政策的明确性和稳定性。

（2）政府的有关法令和规定，商业、贸易、税收、外贸、财政以及旅游政策的特殊性。

（3）当地经济发展规划和远景计划。

（4）国际环境对国家政策的影响。

（5）当地经济发展状况、市场经济的进程、国民生产值总数、人均收入、居民的存款总数以及当地人口消费水平和消费结构等。

（6）当地居民总体接受教育程度、文化和风俗人情特点。

（7）当地现有和发展的前10位的工业项目。

2.旅游发展状况

（1）每年到当地旅游的人数（以前3年的情况、以后3年的预测）。

（2）旅游人数中，外国人、港澳台同胞及海外华侨、外地人各占的比例。

（3）旅游季节的分类（按人口数量划分）。

（4）当地旅游资源和特色。

（5）旅行的目的和团体与散客的比例。

（6）主要交通工具（飞机、火车、轮船、长途汽车等）及其年流量。

（7）机场的日流量和潜力。

（8）可以挖掘潜力和客源市场预测。

3.市场竞争和对手分析

（1）市场的特点和发展趋势。

（2）现在和远期可提供的房间总数（含建设和计划中的酒店）。

（3）旅游人数与酒店需求的总值对比。

（4）当地酒店产品（硬件和软件）的优势和不足。

（5）最主要竞争对手的基本经营策略、主要促销方式、出租率、客源构成以及价格政策。

（6）竞争对手的产品与本酒店相比明显的不足和劣势。

4.本酒店产品的评述

（1）产品（硬件设施和服务项目）的概况。

（2）产品的强调。

（3）酒店在市场的定位及价格政策。

（4）拟选择的市场分类策略。

（5）对本酒店可开发的客源和市场

随手札记

的综合评估。

（二）撰写市场调查报告

明白了市场调查的内容，前厅经理就可以有针对性地进行市场调查工作。下例是某酒店的市场调查报告，仅供参考。

【范例19】

××酒店市场调查报告

一、项目名称

××酒店。

二、项目现有设施

1.标准间：64间。

2.大床房：59间。

3.豪华间：8间。

4.套房：2间。

三、附属设施

1.室内花园：400平方米。

2.自助餐厅：100平方米。

3.停车位：800平方米。

4.××××：1600平方米。

四、目前状况预估

1.客房上客率：应在35%以下（经营属：不理想状态）。

2.××：应在85%左右（经营属：基本满足）。

五、经营定位分析

业主在目前这一地段（××路与××路交汇处）筹办生态旅馆，进入××这一竞争较为激烈的酒店业市场。项目定位不清晰，概念性强，缺乏对××市酒店业市场的清晰认识。将生态旅馆与足浴进行混业经营，容易给客户造成模糊意识，从而在心理上造成较为强烈的反差，给酒店长期稳定经营产生了较为深远的消极影响，给酒店投资的收回造成了一定程度的阻碍。鉴于目前酒店设施均已建成并投入使用，建议本着控制成本的原则，在此基础上进行一定的调整。

六、周边市场状况

1.周边酒店状况

××××年1月4～6日对周边3～5公里内32家酒店徒步走访；其中：四星级涉外酒店1家、三星级涉外酒店4家、品牌连锁酒店7家、洗浴型酒店5家、快捷酒店15家。

2.客房量

（1）四星级酒店：客房260间左右。

（2）三星级酒店：每店客房160～200间，合计720间（取中间值）。

（3）品牌连锁酒店：每店房间90～120间，合计735间（取中间值）。

（4）洗浴型酒店：每店房间40～70间，合计275间（取中间值）。

（5）快捷酒店：每店房间110～160间，合计1875间（取中间值）。

（6）本次调研涉及酒店房间：约3865间（未含其他未调研酒店，约占市场总量65%），整个周边市场（3～5公里）酒店预计客房应在6500间左右，容客量在12000人左右。

3.客房价格

（1）四星级酒店：门市价——标间：680元；套房：980元；实际售价：85%左右。

（2）三星级涉外酒店：门市价——标间：380～480元；套房：480～780元；实际售价：55%左右，设施较为老化。

（3）品牌连锁酒店：门市价——标间：238～380元；套房：380～480元；实际售价：60%～75%，房间设施质量参差不齐。

（4）洗浴型酒店：门市价——标间：90～200元；豪华标间：160～280元；实际售价：55%～70%，房间质量一般。

（5）快捷酒店：门市价——标间：168～238元；商务标间：188～380元；套房：238～480元；房间实际售价：80%～90%，房间设施质量基本满足客户需要。

4.目标市场客户分析

（1）星级酒店：客源基本以政府接待和企业单位会议为主，商务客源为辅。

（2）品牌连锁酒店及快捷酒店：主要以商务客人为主，散客为辅。

（3）洗浴型酒店：主要客户以外来闲散客户临时休息过夜为主，开房时间多为8～10小时。

七、××生态旅馆价位、设施、服务状况

1.定价：××生态旅馆定价基本介于快捷酒店与品牌连锁酒店之间，处于市场中等偏下位置。

2.设施：酒店设施突出×××园林特色，其中休闲区域应该视为该酒店亮点，但未能予以加强突出。

3.服务：服务仅能基本满足目前酒店日常经营需要，但多处细节亟待加强。

4.配套：酒店可提供自助餐，足浴服务、停车场等。

八、酒店存在问题

1.项目定位：项目投资前期，缺乏对市场翔实调研、了解。项目定位不清晰，缺乏精准目标客户，对长期经营较为不利。

2.酒店标志：酒店缺乏统一形象标志，难以给客户留下深刻印象。

3.酒店员工：工作状态不佳，仅能满足基本经营需要，细节工作需加强。部分员工未经过细节服务培训，管理人员对员工的工作情况未能及时检查跟进。

4.生态理念：生态理念值得肯定，但有许多细节之处需要改进（如：客房用水的水质较差，造成淋浴喷头堵塞和客户饮用水烧开后水垢较多、含碱量高。建议增

随手札记

加过滤设备）。

5.企业文化：企业文化尚未形成，不利于培养忠实客人。

6.酒店定价：酒店定价与自身定位不符，形成经营错位。

7.自助餐品：出品质量不佳，使用器具与酒店定位不符。

8.市场营销：足浴所在位置基本占据了酒店夜晚最佳宣传位置，足浴宣传与酒店宣传形成了冲突，难以弥合，可进行调适改善。在目前国内市场上除了各类餐饮酒店、浴场会所借助×××这一理念外，酒店借助这一理念的，在目前××市场尚属于新形态，市场发展前景看好。

通过对本酒店及周边区域内酒店调查，得出以上报告。

调查员：×××

调查时间：××××年××月××日

七、月度员工绩效考核

前厅经理除了要重视每个月的新员工和在职员工培训工作，还要在每个月月底的时候，对他们进行绩效考核，以便对他们的本月工作作出评估，并合理安排下个月的工作。因此前厅经理应与人力资源部合作，建立一套月度员工绩效考核规范，对所有部门的员工进行绩效考核。

前厅部员工绩效考核一般分为两部分，即基层员工考核与管理人员考核。

（一）前厅部基层员工绩效考核方案

对基层员工的考核主要是针对他们在日常工作中的实际操作行为，如预订员提供预订服务的水平，收银员在办理收银手续时是否快捷等。表3-7是某酒店前厅部基层员工绩效考核表。

表3-7 ××酒店前厅部基层员工月度绩效考核表

岗位类别	绩效指标	考核内容	得分
前厅部	服务态度	热情、礼貌、周到，不向客人索取小费；注意礼节礼貌，保持微笑，见到客人能主动问候并能使用礼貌用语和标准服务用语进行服务。对客主动热情、礼貌亲切、耐心周到、细致入微、为客人着想、乐于助人、服务准确及时。每发生一次客人投诉扣10分	
工作效率、质量	入住、离店手续办理，信息记录	入住手续办理不超过3分钟，办理结账手续快速准确、记录清晰无误，提取寄存行李准确无误，迅速将入住、离店的客人信息输入公安网络系统，抄写大本，及时调整预订、分房及查询信息，迅速通知客房中心整理房间，为继续迎接新客人提供优质服务，每出现1次差错扣10分	

（续表）

岗位类别	绩效指标	考核内容	得分
工作效率、质量	工作能力以及业绩	有较强的计划、组织能力，对酒店与部门布置的工作能够合理安排；有较强的协调能力，处理各种问题能够坚持原则但又不失灵活；工作态度稳定、工作表现的习惯行为成熟；对酒店状况了解，在工作过程中积累的工作思路、方法多，创新意识强并能够解决实际问题。时效性强，能超期望值完成各项工作。考核加10分	
工作细节	接听电话	语言规范、简单中英文对照、迅速及时，三声之内接听电话，抽查过程中发生长时间无人接听、占线1次扣2分	
	接受留言	应准确记录客人的姓名、房号、留言内容，并及时转告，发生1次漏转现象扣2分	
工作纪律		1.迟到、早退扣1分 2.未按时打考勤卡，签退按早退、迟到处理，扣5分 3.上班时间做私活、外出买东西或打私人电话扣2分 4.上班时间嘻笑、打闹、大声喧哗、唱歌、饮酒、说脏话、交头接耳、拉拉扯扯各扣2分 5.不参加酒店、部门统一学习会议及集体活动各考核扣2分，因私事请假的扣3分 6.下班后非工作需要在酒店营业场所逗留考核扣2分，在本部门岗位上逗留双方各扣2分 7.在上班区域打瞌睡扣2分	
注：1.每月底被扣分后低于80分者扣除当月团队提成 2.每请假1天，扣除团队提成20元 3.每人月初自动恢复到100分			

随手札记

（二）前厅部管理人员绩效考核

对管理人员的考核与基层员工不同，它主要包括个人素质、管理技能、服务技能、销售技能四个方面，如表3-8所示。

表3-8 前厅部管理人员绩效考核表

考核项目	考核内容	得分
个人素质	遵守酒店规章制度，不拉帮结派，不接受员工吃请	
	责任心强，工作积极主动，服从指挥，勇于担当	
	自身仪表是否符合酒店规范，是否按时出勤	
管理技能	部门员工仪容仪表、礼貌是否到位	
	有亲和力，能团结员工，激发他们的工作热情	
	有计划地对员工进行培训和现场管理	
	严格按照最新国家标准检查本部门卫生情况，出现问题要及时整改	
服务技能	部门员工违纪次数	
	部门员工被客人投诉次数	
	部门员工被客人表扬次数	
	部门员工主动性服务	
销售技能	部门整体经营情况	
	部门茶水、饮料等产品销售情况	
	部门酒水销售金额	
备注		

说明：最新国家标准是指“《旅游酒店星级的划分与评定》GBT14308-2010”的前厅部分。

八、编写月度工作总结

编写月度工作总结是前厅经理每月必做的一项工作。它对前厅经理全盘了解前厅部本月工作情况和安排下月工作计划有着非常重要的意义。

（一）总结方法

在前面两章中详细写到，前厅经理要做每日和每周工作总结，以便于在每日早会和周例会上做报告。在编写月工作总结时，前厅经理也可调用每日总结和每周总结。

（二）查看各项营业报表

前厅部每天都会产生大量报表，如客人预订表、入住登记表等。前厅经理要善于从这些报表里面发掘有用信息，以作出更精确、更完善的总结报告。

（三）总结内容

前厅经理总结时要注意联系到前厅工作的各个方面，如卫生、纪律、服务、销售等，要总结出工作中的问题所在，提出改进方法。下面这个例子是某酒店前厅部的月工作总结，仅供参考。

【范例 20】

××大酒店前厅部5月份工作总结

自4月30日开业以来，××大酒店前厅部从只有临时收银人员到组建了专门的工作班子，从刚开始营业时客房的低价卖出到现在的灵活喊价，从一开始对出现纠纷的不知所措到现在处理问题的有条不紊，我们克服了种种困难，使前厅部的工作逐步走入了正规。在人员不断更换的情况下，所有的员工仍然能够克服困难、团结进取，基本完成了酒店交给的各项接待任务。

这个月以来，我们做好了以下几项工作：

一、工作成果

（一）组建了前台工作班子

现在前台有4人，实行早中晚三班制轮换。早晚班各1人，中班2人。

（二）注重与各部门的协调工作，根据每日房态进行开房退房工作

酒店就像一个大家庭，部门与部门之间在工作中难免会发生摩擦，协调得好坏在工作中将受到极大的影响。前厅部是整个酒店的中枢部门，它同餐饮、销售、客房等部门都有着紧密的工作关系，如出现问题，我们都要能主动地和相关部门进行协调解决，避免事态的恶化，因为大家的共同目的都是为了酒店，不解决和处理好将对酒店带来一定的负面影响。

（三）解决纠纷，处理问题，服务至上

由于酒店的一些设备老化造成客人入住时的一些不便，时常引起客人投诉。对于这些纠纷和问题，前厅部沉着应对，积极、及时、妥善地解决。对于个别客人的刻意刁难，我们也做到了在忍耐的同时，微笑着赔不是，时刻以维护酒店的名誉为前提，尽量使客人能够满意。

二、存在的问题

在取得成绩的同时，我们也要深刻地意识到由于前厅部人员的流动性和非专业性，以及其他一些原因，我们在工作中仍

随手札记

然存在着很多问题。

（一）微笑服务的缺乏

前台在日常工作中应坚持做好“三会”，即遇到客人时，会微笑、会问候、会沟通。服务需要微笑，只有始终向客人投以微笑，服务才充满生机，客人会感受到我们发自内心的服务热情。而当客人一进入酒店时，主动、热情、亲切地招呼客人，一声问候与语言的沟通更拉近我们与客人的距离。但我们的员工还没有做到时刻把微笑挂在脸上，有时给客人开房也不说普通话。

（二）销售技巧的缺乏

由于缺乏专业素养，我们的员工在客房销售技巧方面还有所欠缺。前台应在掌握酒店优惠政策的同时，根据市场行情和当日的入住情况灵活掌握房价。前台还应和保安提前做好沟通，加深配合默契，坚持“只要到前台的客人，我们都要想尽办法让客人住下来”的宗旨，由前台喊高价格，若客人嫌房价太贵转身离开时，保安应配合上前主动降价留住客人。

（三）财务交账的漏洞

由于前台开房流程都是手写完成，其中人为可操作性大；计算机程序也因为可以人为地随意修改而无法查出实际开房数量和价格，这其中就存在着很大的漏洞。所幸我们的员工从不搞小动作，从中贪污金钱。但以防万一，前台财务的漏洞应尽快想方设法弥补。

三、改进措施

为了进一步提高我们的工作质量，配合销售部完成销售任务，提高酒店的散客房销售价格，更加妥善地处理各种问题，让每一个客人都能乘兴而来，满意而归，我们还需不停地努力，做到更好：

（1）加强业务培训，提高员工素质，提高服务质量。

前厅部作为酒店的门面，每个员工都要直接面对客人，员工的工作态度和服务质量反映出一个酒店的服务水准和管理水平，因此对员工的培训是我们的工作重点，只有通过培训才能让员工在业务知识和服务技能上有进一步的提高，才能更好地为客人提供优质的服务。

（2）稳定员工队伍，减少员工的流动性。

（3）“硬件”老化“软件”补，通过提高服务质量来弥补设备老化的不足。

（4）提高前台员工的售房技巧，增加散客的入住率，力争完成酒店下达的销售任务。

新的一个月即将开始，前厅部全体员工将以新的精神面貌和实际行动向客人提供最优质的服务，贯彻“客人至上，服务第一”的宗旨，为酒店的美好明天贡献出自己的一分力量。

（三）总结分析

前厅经理要认真考虑哪些工作完成得不够好，要认真总结出原因在哪儿，如何改进。同时还要与月初做的工作计划进行对比，看看哪些工作没有按时完成，接下来又该如何继续完成。相关对比应填入专用表格中，如表3–9所示。

表3-9　月度工作总结与分析

序号	项目	月初计划	执行结果	对比	备注

随手札记

一日工作安排与落实
一周工作安排与落实
月度工作安排与落实
季度工作安排与落实
年度工作安排与落实

管理心得

管理心得，其实是前厅经理对自己个人工作的总结。可以是对某一个事件的看法，也可以是某一项工作的实施计划；可以是成功的经验，也可以是失败的教训。

我的月管理心得

已办事项	
未办事项	
待办事项	
通过这一个月的工作，我最大的收获是：	

第四章

季度工作安排与落实

对于季度工作的安排，是属于宏观性的；要对一个季度的重点事项做到心中有数，才能按照季度安排做好每月、每周甚至每一天的工作。

作为前厅经理，每一季度的重点工作都需要有所侧重。但是总的来说，每一季度的工作中又有重复的事情。要想让自己能从容应对，你可以将自己的每一季度工作都做好安排。

一、制订前厅季度目标计划

（一）季度重点工作指引

前厅经理可以制定一个季度重点工作指引，将每个季度重点工作大致分列出来。然后再对每一个季度工作进行具体安排，表4-1是某公司前厅经理的季度工作重点指引。

（二）季度工作计划

前厅经理确定了每一个季度的重点工作之后，就要制订具体的每个季度的工作计划，如表4-2所示。

特别提示：

当然，你可以根据自己的实际情况来编制一份适合自己的季度重点工作指引表。

表4-1　季度重点工作指引表

季度	重点工作	备注
一	1.前厅设备管理，提出更新改造方案 2.制订员工激励方案 3.配合人力资源部招聘新员工 4.对新员工进行入职培训指导 ……	
二	1.重新设立前厅服务项目 2.建立对客服务质量标准 3.组织实习生培训管理 4.组织部门主管人员培训 ……	
三	1.建立部门突发事件应急处理预案 2.组织年度前厅服务员操作技能大赛 3.制订十一黄金周前厅部接待计划 4.进行优秀员工评选工作 ……	
四	1.全力组织部门人员十一黄金周客人接待 2.年度客人投诉处理情况分析 3.前厅部门年终总结及下年度安排 4.配合人力资源部对员工进行年终考核 ……	

表4-2　我的季度工作计划

序号	工作内容	阶段目标	目标达成时间			责任人
			1月	2月	3月	

二、受理员工离职

任何公司都会有员工离职，酒店也不能避免。当有员工提出离职时，前厅经理应仔细分析员工离职原因，并采取措施，降低员工离职率。

（一）员工离职原因及应对措施

1.分析员工离职原因

一般来说，员工离职原因有以下几种：

（1）有的高素质员工为了实现自身的价值，谋求发展而跳槽。

（2）为了寻求更高的薪酬收入而跳槽。

（3）酒店被普遍认为是吃青春饭的行业，技术含量不高，所以员工为了寻求一个稳定的工作而跳槽。

2.降低员工流失率的措施

为了更好地留住员工，酒店前厅经理可通过以下措施：

随手札记

（1）物质激励措施。比如，给员工支付高工资，改善员工福利待遇等。

（2）精神激励措施。比如，诚心诚意留用员工，管理者强化情感投入，充分授权以满足员工干事业的需要等等。

（3）不同周期的留人措施。

——引入阶段，应让员工尽快适应环境。

——成长阶段，肯定员工的工作，安排员工参加各种培训。

——成熟阶段，在给予员工适度的培训后，给予畅通的调职或晋升渠道。

——稳定阶段，给员工增加福利或实施年薪制。

（二）员工填写离职申请表

如果员工执意要离职，前厅经理应让其填写离职申请表，并上交由酒店所发的工作用品，如工衣、工牌等，同时填写离职清单。待相关部门领导签字同意后，员工方可正式离职，如表4-3所示。

表4-3　员工离职申请表

<table>
<tr><td colspan="4">姓名</td><td colspan="4"></td><td colspan="4">性别</td><td colspan="4"></td><td colspan="4">部门</td><td colspan="4"></td></tr>
<tr><td colspan="4">职务/岗位</td><td colspan="4"></td><td colspan="4">入职日期</td><td colspan="4"></td><td colspan="4">申请离职日期</td><td colspan="4"></td></tr>
<tr><td colspan="24">离职原因：</td></tr>
<tr><td colspan="3">部门主管
签名</td><td colspan="3"></td><td colspan="3">仓管
签名</td><td colspan="3"></td><td colspan="3">人事部
签名</td><td colspan="3"></td><td colspan="3">本人确认
签名</td><td colspan="3"></td></tr>
<tr><td colspan="6">意见：
日期：</td><td colspan="6">意见：
日期：</td><td colspan="6">意见：
日期：</td><td colspan="6">意见：
日期：</td></tr>
<tr><td colspan="6">部门应检查离职人员有无完成工作交接、物品移交</td><td colspan="6">仓库应检查离职人员有无借用物品，制服、工号牌等物品归还</td><td colspan="6">人事部应检查有无欠款，并计算好工资</td><td colspan="6">本人确定无误后，领取离职工资，正式与酒店解除劳动关系</td></tr>
<tr><td colspan="24">总经理签字：
日期：</td></tr>
<tr><td colspan="24">备注：1.离职程序：写好离职申请书→部门主管签字→仓管签字→人事部签字→总经理签字
2.离职人员需提前一个月递交申请书，未按规定时间递交离职申请者，一律作自动离职处理，自动离职者扣发一个月工资</td></tr>
</table>

三、员工招聘管理

聘用前厅部人员是在人力资源部的协助下进行的，但决定聘用的权力还是在直接部门主管——前厅经理手里。

（一）向人力资源部申请增员

当有员工离职、请假，或旅游旺季如十一黄金周到来时，前厅部的人力明显不足，前厅经理要按酒店规定的程序填写增员申请表，呈交给人力资源部，由人力资源部安排员工招聘。在填写增员申请表（见表4-4）的时候尤其要关注你所需要人员的素质要求。

表4-4　部门增员申请表

职位基本资料			
需求职位		所属部门/工作地点	
需求性质	□ 增编　□ 补缺	需求人数	
拟到职日期		直接汇报职位	
岗位试用薪酬		岗位转正薪酬	
工作职责：			

随手札记

（续表）

<table>
<tr><th colspan="8">任职资格要求</th></tr>
<tr><td>性别</td><td>□ 男 □ 女</td><td>年龄</td><td></td><td>户口</td><td></td><td>学历</td><td></td></tr>
<tr><td>教育背景</td><td colspan="2"></td><td colspan="2">专业技能</td><td colspan="3"></td></tr>
<tr><td>工作经验</td><td colspan="7"></td></tr>
<tr><td>其他要求</td><td colspan="7"></td></tr>
<tr><td>初试人员
复试人员</td><td>本部门</td><td colspan="2"></td><td colspan="2">人力资源部</td><td colspan="2"></td></tr>
<tr><td colspan="2">申请人签名：</td><td colspan="2">部门总监签名：</td><td colspan="2">人力资源部签名：</td><td colspan="2">总经理签名：</td></tr>
<tr><th colspan="8">人力资源部填写</th></tr>
<tr><td>职位</td><td colspan="3"></td><td colspan="2">职级</td><td colspan="2"></td></tr>
<tr><td>试用薪金</td><td colspan="3"></td><td colspan="2">转正薪金</td><td colspan="2"></td></tr>
</table>

（二）面试员工

员工经过人力资源部的初步筛选后，通常来说，前厅经理要参与，甚至要主导面试工作，作出最后聘用与否的决定。

1.面试方法

一般来说，为了准确甄选合适员工，前厅经理可以采用测验和资历审查两种面试方法。

（1）测验。面试测验方法如表4−5所示。

（2）资历审查。对某些高级及专业人员如部门主管应聘者，前厅经理可采用资历审查的面试方式。资历审查须对所拟补充人员的所需资格条件事先作出明确的规定，以便建立工作绩效衡量准则。这些条件有：

——对客人、对同事、对上级的态度。

——处理部门日常事务、应对突发事件的能力。

——所学专业知识、毕业的院校是否

表4-5　面试的测验方法

序号	名称	内容
1	专业测验	目的在于测试应聘人员在某项专业技能上已有的成就。例如，酒店所需人员为一位财务部的出纳人员，则可以用简单的会计学知识及计算机操作知识来测试该应聘人员的专业能力
2	性向测验	多经由专家设计，以某些特定问题或特定方法来测验应聘人员是否具有某项特质。性向测验一般有智力、语文性向、数学性向、空间性向、图形知觉、文字能力、动作协调能力、动作速度、手指灵巧度、手臂灵活度等项目

与本酒店企业文化相适应。

——个人目标是否能与酒店的整体目标相配合。

2.面试内容

面试是整个招聘工作中的核心部分，是供需双方通过正式的交谈，使酒店前厅经理能够客观地了解应聘者的语言表达能力、反应能力、个人修养、逻辑思维能力、业务知识水平、工作经验等综合情况，使应聘者能够了解更全面的酒店信息和自己在酒店的发展前景。那么，如何提高面试的效率，通过面试准确地判断适合酒店的人才、吸引这些人才，是酒店前厅经理必须掌握的。

面试的主要准备工作包括面试的目的、面试的问题、合适的面试类型、面试的时间和地点。以下两例是前厅部主管面试问题，仅供参考。

【范例 21】

前厅主管面试问题

1.请你自我介绍一下。

2.谈谈你的家庭情况。

3.你有什么业余爱好？

4.你最崇拜的人是谁？

随手札记

5.你的座右铭是什么?

6.谈谈你的缺点。

7.谈一谈你的一次失败经历。

8.你在前一家公司的离职原因是什么?

9.你对前一家公司的老总作何评价?

10.你在原单位的工资待遇是怎样的?

11.你为什么选择我们公司?

12.你是否可以驻外?

13.我公司的福利待遇是否可以满足你的期望值?

14.对于这项工作，你有哪些可预见的困难?

15.如果我们录用你，你将如何开展工作?

16你希望与什么样的上级共事?

17.与上级意见不一致时，你将怎么办?

18.你对目前酒店业的市场形势看法如何?

19.请陈述一下你每天的工作内容?

20.你是否经过酒店业的全面培训?

21.你是否受过前厅管理方面的培训?

22.培训工作是如何开展的?

23.你是否可以承受较大的劳动强度?

24.你对于员工的管理方式是怎么样的?

25.你认为应该怎样留住员工?怎样控制员工的流失率?

26.你认为要提高酒店的经营业绩，需要抓住哪些方面?

27.你们是以什么方式招聘员工的?

28.你在酒店管理中处理过哪些突发事件?

29.如果客人说自己万元的笔记本电脑遗失，要求酒店给予赔偿，你将如何处理?

30.如在晚餐时间酒店突然停电，你会怎样安排?

31.如果有客人在前厅大吵大闹，你该如何处理?

四、新员工转正安排

前厅新员工入职后一般会有一段时间的试用期，大多数酒店的试用期为三个月。在试用期内酒店会为新员工提供培训，安排其参与实际工作，观察新员工的工作表现，并视情况决定是否接受其为转为正式员工。

前厅经理应高度重视这项工作，因为一个新成员的到来可能会给前厅带来许多变化，对前厅业绩产生影响。因此，前厅经理应按照相关步骤做好新员工转正安排。

（一）转正申请

前厅部新员工试用期结束后，如果愿意留下来，则需要填写转正申请书，向前厅经理和酒店表明参与正式工作的意图。

【范例22】

××酒店前厅部员工转正申请书

尊敬的酒店领导：

您好!

我于××××年××月××日成为酒店前厅部的试用员工，到今天试用期已有一个多月，根据酒店的规章制度，现申请转为酒店正式员工。

作为一个刚接触这行的实习生，初来

酒店，曾经很担心不知该怎么与人共处，该如何做好工作；但是酒店宽松融洽的工作氛围、团结向上的企业文化，让我很快完成了从学生到职员的转变，让我较快适应了酒店的工作环境。我深知作为酒店的一员，不仅需要有耐心、细心，还要具有较强的责任心，能够为自己所做的工作负全部责任，并在工作中不断进取，努力提高自己的业务素质。在本部门的工作中，我一直严格要求自己，认真及时做好领导布置的每一项任务。不懂的问题虚心向别人学习请教，不断地提高充实自己，希望可以为酒店作出更大的贡献。

当然，刚开始在工作中我也出现了一些小的差错和问题，部门经理也及时给我指出，促进了我的工作的成熟性，今后在处理各种问题时会考虑得更全面，杜绝类似失误的发生。在此，我要特别感谢部门的领导和同事对我的入职指引和帮助，感谢他们对我在工作中出现的失误作出的提醒和指正。

这是我的第一份工作，这段时间的工作历练让我学到了很多，感悟也很多。前厅部是酒店对客人服务的窗口，一言一行都代表着酒店，接待酒店的客人要以礼相迎，接听电话要态度和蔼，处理投诉更要认真仔细，容不得半点差错，对待同事要虚心真诚……点点滴滴都让我在工作中不断学习，在学习中不断进步。我看到了酒店业务的不断发展完善，深感骄傲，在今后的工作中，我会更加努力地提高自己的业务服务水平和修养内涵，弥补工作中的不足，在新的学习中不断地总结经验。

在此我提出转正申请，恳请领导给我继续锻炼自己、实现自我价值的机会。我会用谦虚的态度和饱满的热情做好我的本职工作，为酒店创造价值，同酒店一起展望美好的未来！

此致！

敬礼！

申请人：×××

申请时间：××××

随手札记

（二）考核审批

前厅经理应会同人力资源部，对员工进行考核，对不同考核结果，前厅经理应作不同处理。

（1）如果考核结果符合前厅部要求，应由人力资源部代表酒店向新员工发放转正通知书，如表4-6所示。

（2）如果新员工不符合酒店要求，前厅经理和人力资源部决定不予录用，也应当向员工发放一份说明书，如表所4-7所示。

特别提示：

如果前厅经理认为可以为该员工再提供一次机会，则需要作出特别说明，并针对该员工考核中出现的问题提出改善意见。

表4-6　酒店转正通知书

____先生/女士： 我们很荣幸地通知你，你已通过了酒店严格的试用转正考核，从____年____月____日起，你正式成为本酒店一名合格员工，其薪资级别调整为_____级，基本工资为______元，岗位工资为______元，职务工资为____元，全勤工资为_____元，即薪资总额为______元。这是你勤恳工作，不断努力所取得的成果，希望你再接再厉，迈向新的成功！ 再一次向你表示祝贺！ 人力资源部 年　月　日

表4-7　不予录用说明书

____先生/女士： 我们很遗憾地通知你，因为你的转正考核结果未能达到本酒店的要求，本酒店决定不予录用。感谢你在3个月试用期内对酒店作出的贡献，祝你在未来的工作中，取得良好成绩！ 人力资源部 年　月　日

五、前厅设备季度大检查

酒店前厅部要保持24小时正常营业，就必须保证前厅部各部门各项设施设备正常运转。因此前厅经理要对前厅部设施设备进行定期检查，防止因为某些设备突然“罢工”，给客人带来不便，从而给酒店造成损失。

> **特别提示：**
>
> 一般来说，前厅经理的检查工作分两部分，一部分是每日或每周进行的例行检查，土要包括花灯、餐椅餐桌等客人经常接触的设施设备。另一部分则是如保险箱、计算机、信用卡刷卡机之类的重点设备。

（一）例行检查

前厅经理在每日的巡视工作中应特别注意客人日常接触的设施设备，具体检查内容可填入表4-8中。如果发现有问题，前厅经理要立即着手解决。

（二）重点设备检查

前厅部由预定处、接待处等多个部门组成。每个部门都有一些重点设备，前厅经理要责成各部门主管在每日的例行检查中重点关注这些设施设备，前厅经理自己也要在每个季度对这些设备进行全面检查，检查内容如表4-9所示。

前厅经理应按照表中每项设备的具体要求认真检查，发现不符合要求的，要及时进行处理。例如发现打印机损坏，应立刻通知该打印机售后部门派人来维修，若彻底损坏，则要记入该季度成本费用中，视情况进行采购。

六、成本控制与管理

前厅经理应按照年初制定的预算安排表，有针对性地对前厅各项成本进行控制，避免任何不必要的成本产生。

随手札记

表4-8 前厅设备巡检表

<table>
<tr><td colspan="3">巡检人：</td><td colspan="3">日期：　　年　　月　　日</td></tr>
<tr><th>设备名称</th><th>检查项目</th><th>检查结果</th><th>设备名称</th><th>检查项目</th><th>检查结果</th></tr>
<tr><td rowspan="2">花灯</td><td rowspan="2">灯具照明情况</td><td rowspan="2"></td><td rowspan="2">过桥车</td><td>点火运行正常</td><td rowspan="2"></td></tr>
<tr><td>管路无漏气</td></tr>
<tr><td rowspan="2">吸尘器</td><td>电机运行无异响</td><td></td><td rowspan="2">包厢门</td><td>轨道</td><td></td></tr>
<tr><td>气管，耙头正常</td><td></td><td>门把手</td><td></td></tr>
<tr><td>香巾柜</td><td>加热正常，柜体良好</td><td></td><td rowspan="2">马桶</td><td>水路通畅</td><td></td></tr>
<tr><td>衣架</td><td>牢固无松动</td><td></td><td>按钮使用正常</td><td></td></tr>
<tr><td rowspan="2">热水器</td><td>电路系统检查</td><td></td><td rowspan="2">电动转盘</td><td>转动灵活，遥控正常</td><td></td></tr>
<tr><td>水路系统检查</td><td></td><td>玻璃无破损</td><td></td></tr>
<tr><td>餐椅</td><td>无损坏</td><td></td><td rowspan="2">旋转门</td><td>转动正常，反应灵敏</td><td></td></tr>
<tr><td>餐桌</td><td>无损坏</td><td></td><td>照明系统正常</td><td></td></tr>
<tr><td rowspan="2">餐梯</td><td>电梯运行正常</td><td></td><td rowspan="2">客梯</td><td>上下正常，反应灵敏</td><td></td></tr>
<tr><td>梯门开关灵活</td><td></td><td>梯门正常，无异物</td><td></td></tr>
<tr><td>餐车</td><td>车轮运行无杂音</td><td></td><td>香巾柜</td><td>加热正常</td><td></td></tr>
<tr><td>包厢热水器</td><td>加热正常</td><td></td><td>包厢柜子</td><td>把手</td><td></td></tr>
</table>

表4-9　前厅重点设备检查表

部门	设备	设备要求	检查结果	处理方案
前台	计算机	前厅部前台内应设计算机，通常100间客房以内的饭店至少应设2台计算机，100～500间客房的饭店以每增加100间客房加设1台计算机为宜，500间客房以上的酒店以每增加200间客房再加设1台计算机为宜		
	打印机	前厅部应有2台以上的打印机，打印机的出纸速度要快些，分辨率要适当，要选用不易夹纸及便于维修保养的品牌		
	扫描仪	前厅部应配备专用扫描仪，用于扫描身份证。现在越来越多地区的饭店按公安部门的要求用扫描仪扫描身份证，这样可以使入住登记工作快捷、准确，通常还可以减少一联入住登记表。将来，IC卡式的数字智能身份证投入使用后，入住登记工作将更快捷、更准确		
	钥匙及信件架	钥匙及信件架是一个设置于前台下部或侧面的多格的木架，该架的每一格代表一个相应的房间，格子的大小及深浅应以完全放下带有饭店标志的钥匙牌和钥匙及一个航空信封放入后不折叠为宜		
	客房钥匙	应采用一些安全可靠的新型门锁，以解决传统的机械弹子门锁的钥匙易仿制、安全性差的难题。新型客房锁钥系统的种类主要有IC卡锁、计算机磁卡锁、电子光卡锁、磁片机械锁（又称磁片锁）等		
	保险箱	贵重物品保险箱的分格编号应清楚，完好率和保险系数要达到100%。贵重物品保险箱的数量通常应为客房数的15%～20%；客源中散客比例高的饭店可以适当增加这一比例，客源中团体比例高的饭店可以适当减少这一比例		

（续表）

部门	设备	设备要求	检查结果	处理方案
前台	信用卡刷卡机	前台应该准备信用卡刷卡机及POS机，分别用于手工刷信用卡和计算机刷信用卡。刷卡时，已作废的客人签过名的签购单应当着客人的面撕毁		
	账单架	前台还应准备账单架，分别用于存放团体和散客的账单		
	收银机	前台的前厅收银处还应准备收银机，以加快收银速度		
	人民币验钞机	前厅收银处还应准备人民币验钞机以识别人民币的真伪		
	外币验钞机	前厅收银处还应准备尽可能多种类的外币验钞机以识别不同种类的外币的真伪		
	房间状况控制架	较正式的房间状况控制架，是一种由金属或其他适当材料专门制成的长方形卡片盘，里面有一栏依次排列的小方格，每格表示一个相应的房间。格子边缘一般标有房号，不同类型房间的房号，用不同颜色的字来标志		
	问询控制架	架子上有许多排列整齐的格子，格子里放有把住客姓名按英文字母顺序排列的卡片，以便查询		
	刷钥匙器	前台还应放置一个刷钥匙器，以便及时地为客人及相关人员服务。客房锁钥系统的种类主要有IC卡锁、计算机磁卡锁、电子光卡锁、磁片机械锁（又称磁片锁）等		
	读卡器	前台还应放置一个读卡器，以便及时地读客人的贵宾卡、会员卡，以方便客人消费。有时可以与刷钥匙器合用		

（续表）

部门	设备	设备要求	检查结果	处理方案
前台	计算器	前台还应准备多个计算器，以便及时地为客人计算消费金额，统计相关数据，制作报表。这样可以及时准确地收回客账及完成报表		
	档案小车	档案小车用于存放订房档案夹，并且可以推动，以方便取用		
礼宾部	行李车	行李车有大小两种，分别用于装载团体行李和散客行李。行李车可以设计成两轮的，也可以设计成四轮的		
	行李寄存架	行李寄存架有两种：一种是固定格子的；另一种是可以分成一个个可任意调整大小的格子的。每个格子通常只放一个客人的行李，同一个客人的数件行李应用绳子串起来放到一个格子上		
	轮椅	专用于老、弱、病、残等行动不便的客人进出酒店。有些酒店还在行李房中存放担架，以供抢救危重病人之用		
电话总机	程控电话交换机	由软件和硬件两部分组成，用于控制整个酒店电话系统		
	电话自动计费器	用于自动核算国内电话和国际长途电话的费用		
	总台呼唤机	用于总台与酒店各部门主管的即时沟通		
	自动叫醒控制系统	本系统分为两大块，即硬件和软件。硬件由计算机和电话语音卡（或语音盒）组成，根据客房的多少和团队叫醒情况，选用2路、4路、8路等。软件是由总机人员主动操作，界面美观大方、易于操作，可以根据客户的需求进行修改		
	电话机	总机主要设备，用于全酒店的通话系统		

（一）做好设备的审查、登记工作

设施设备购进以后，前厅部经理必须严格审查。同时设立物品与设备保管员，具体负责物品与设备的分配、领用和保管工作。

保管员应建立设备账卡，将领用的设备按进货时的发票编号分类注册，记下品种、规格、型号、数量、价值以及分配到哪个部门和班组，低值易耗品也要分类注册，凡来库房领取物品都要登记，每个使用部门都应设有专用账簿，以便控制物品的使用情况，如表4-10所示。

表4-10　前厅设备账本

类别	名称	编号	规格	数量	领出	结存	建账日期	负责人

（二）分级归口管理

分级就是根据前厅部门管理制度，分清这些设备是由部门、班组或个人中的哪一级负责管理。归口是按业务性质，将物品与设备归其使用部门管理。分级归口管理使前厅设备的管理有专门的部门和个人负责，从而使前厅设备的管理落到实处。

对前厅设备分级归口管理的关键是：

（1）账面落实，分级归口管理的物品与设备的数量、品种、价值量清楚，有案可查。

（2）完善岗位责任制度、维修保养制度和技术操作制度等规章制度。

（3）要和经济效益挂钩。

（三）做好日常保管和使用

前厅物品与设备分级归口以后，在前厅经理领导下，班组管理员与服务员一起共同负责本班组或部门的物品与设备的日常管理和使用。班组管理员一般由班组长兼任，在物品与设备的使用过程中，班组管理员要定期和前厅物品与设备保管员核对，发现问题，及时解决。

前厅设备在使用中要努力防止事故发生，一旦发生事故，要立即通知工程部及时修理或采取措施，使设备尽快恢复其使用价值。如果是由于个别员工玩忽职守而发生事故，要严肃处理，如果是由于客人的原因造成的，必要时应要求客人赔偿。

特别提示：

前厅物品与设备在日常使用中，要特别注意严格遵守维修保养制度。

（四）建立设备档案

设备档案主要有前厅装修资料（记录前厅家具、地毯和建筑装饰等）和机器设备档案，内容包括设施设备的名称、购买日期、生产厂家、价格、维修记录（时间、项目、费用）等。这是对设施设备进行采购和管理的依据，如表4-11所示。

表4-11　前厅设备档案表

设备、项目	购买日期	生产厂家	价格	维修记录	负责人
柜台					
计算机					
电话					
地毯					
沙发					
茶几					
行李车					
伞架					
复印机					
……					

随手札记

（五）及时做好补充和更新工作

前厅部经理必须事先做好计划，根据物品与设备的品种、规格、质量等规定各种物品与设备的使用周期，并定期检查设备性能和使用效果，提出设备更新计划，报酒店领导批准，及时做好物品与设备的补充和更新工作。

为了酒店的规格和档次，保持并扩大对客人的吸引力，酒店一般都要对前厅进行计划中的更新改造，并对一些设备用品实行强制性淘汰。

这种更新按其更新周期的不同，分为以下三种情况，具体如表4-12所示。

表4-12 设备更新表

序号	类别	具体内容	备注
1	常规修整	（1）灯具、饰物的清洗 （2）墙面清洗和粉饰 （3）常规检查和保养 （4）油漆翻新	一般每年至少进行一次
2	部分更新	（1）更换地毯 （2）更换墙纸 （3）沙发布、靠垫等装饰品的更新	前厅使用达2年时，即应实行更新计划
3	全面更新	（1）柜台的更新 （2）沙发的更新 （3）更换新的灯具、画框等装饰品 （4）地毯的更新 （5）墙纸或油漆的更新	往往5年左右进行一次

（六）人工成本控制

人工成本是指酒店在一定时期内（通常为一年）生产、经营和提供劳务活动中因使用劳动力而支付的所有直接和间接人工费用。

前厅经理要注意对员工的管理，减少员工的流失。因为对于员工的招聘、培训需要耗费一定的人力和物力，如果人员流失过于频繁，将会造成一些隐性的成本亏损。

1.压缩人员编制

员工数量是影响人工成本的因素之一。通过压缩人员编制，可以削减在岗员工的人数，从而减少人工成本的支出。可以采取措施，进行人员编制压缩，具体如表4-13所示。

2.建立完善的内部培训体系

前厅经理应积极采用“总部—区域—酒店”的三级培训体系，每一层面肩负的培训职责、培训对象、培训内容均有所区别，但又相互联系，形成一整套自上而下的完整体系。

表4-13　压缩人员编制措施

序号	措施	具体内容	备注
1	设备的自动化、电子化和网络化	（1）对前台操作系统进行升级，使得客人可以通过自助的形式获取客房门卡 （2）通过信息和网络技术，加强信息沟通的及时性和有效性，削减管理层次	利用现代科学技术，代替一部分重复性高、流程性强的工作，从而减少工作岗位
2	合理进行外包和内包	（1）将清洁、安全等业务外包给专业公司，减少酒店普通员工数量 （2）减少专业管理人员的数量	
3	简化工作流程	对部门职责、岗位职责进行整理和简化，设计更为科学合理的人员编制	

（1）通过企业内部培训体系，培养合格的管理人员，为酒店的发展提供充足的人力资源保障，缓解由于供小于求而带来的工资增长压力。

（2）通过企业内部培训体系，进一步提高各岗位的工作技能和专业知识，提高工作效率，改善服务质量，同时有效缓解招聘压力。

（3）具体培训情况可参考本书第二章与第五章中有关培训的内容。

3.以绩效为导向，扩大可变薪酬比重

（1）绩效考核。根据酒店前厅部的实际情况和岗位说明书，设计一套简单而有效的考核体系。在考核体系的制定过程中，应当结合标准的管理模式和酒店的经营管理整体绩效，将员工的个人绩效与酒店的整体绩效有机结合起来。

（2）薪酬构成。作为绩效考核结果的应用，在薪酬组成中扩大可变薪酬的比重，提高绩效优秀员工的工资收入。

随手札记

七、建立与管理客史档案

建立客史档案，能够使酒店更准确地了解市场动向，把握自身客源结构、消费构成以及客人对酒店服务产品的要求、意见等情况，这样酒店才能适应变化的趋势，制定正确的决策，提高产品针对性，增强客人满意度，从而实现稳固的占有市场及拓展市场的目的。

特别提示：

一般来说，前厅经理是酒店客史档案的主要建立者和管理者，同时由其他部门如餐饮部经理，营销部经理，客房部经理等协助前厅经理收集客户资料，共同完善档案内容，从而为酒店经营提供更多有用的资料。

（一）客史档案的功能

前厅经理在建立和管理客史档案时，应全面掌握它的几项重要功能，以便有针对性地收集客户资料。

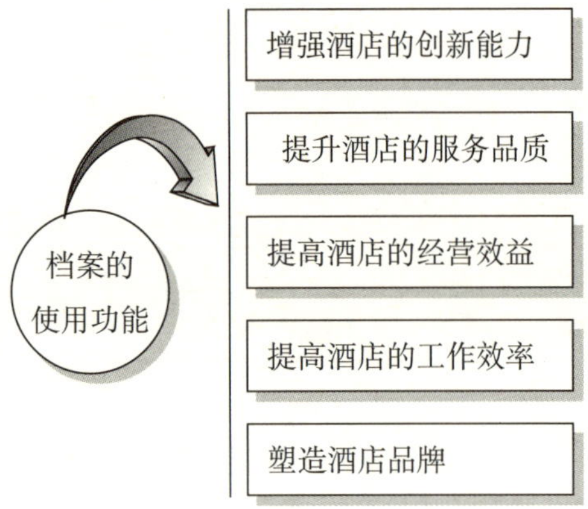

图4-1　档案的使用功能

1.增强酒店的创新能力

酒店产品体系的创新是酒店生命力所在，而客史档案的科学建立和运用是提升酒店创新能力的基础。通过客史档案的管理和应用，酒店能够及时掌握客人消费需求的变化，适时地调整服务项目，不断地推陈出新，确保持续不断地向市场提供具有针对性、有吸引力的新产品，满足客人求新、求奇、求特色的消费需要。

2.提升酒店的服务品质

客史档案是酒店客户关系管理系统和客户忠诚系统的组合平台，一方面客户关系管理系统的作用就在于通过对客户信息的深入分析，能够全面了解客户的爱好和个性化需要，开发出“量身定做”的产品，大大提高客人的满意度；另一方面，客户忠诚系统的作用则体现在通过个性化服务和一系列酒店与客户间“一对一”的情感沟通，客户对酒店会产生信任感，会认为在这里消费比其他地方更可靠、更安全，更有尊严感，客人的满意将升华为客人的忠诚，酒店服务的品质会得到客户进一步的认同。

3.提高酒店的经营效益

客史档案的科学运用将有助于酒店培养一大批忠诚客人，一方面可以降低酒店开拓新市场的压力和投入；另一方面由于忠诚客户对酒店产品、服务环境熟悉，具有信任感，因此他们的综合消费支出也就相应比新客户更高，而且客户忠诚度越高，保持忠诚的时间越长，酒店的效益也就越好。

4.提高酒店的工作效率

客史档案为酒店的经营决策和服务提供了扎实的基础材料，使得酒店的经营活动能够有较强的针对性，避免许多不必要的时间、精力、资金的浪费。由于对客户消费情况的熟悉，员工的服务准备更为轻松。良好客户关系的建立，也有助于酒店工作氛围的改善，员工的工作热情、主动精神将得到有效地发挥，酒店整体的工作效率也将极大地提高。

5.塑造酒店品牌

根据客史档案划分、培育忠诚客户，可以为酒店创造更为重要的边际效应及口碑效应。口碑效应是酒店品牌塑造的关键因素，忠诚客户的一个显著的特点是会向社会、同事、亲戚朋友推荐酒店，义务宣传酒店的产品和优点，为酒店树立了良好的口碑，带来新的客源。

（二）客史档案的内容

1.客户的常规档案

包括单位客户档案和散客档案。单位客户档案主要有双方协议签订时所提供的单位名称、性质、经营内容、地址、负责人姓名、联系人姓名、联系方式、主要消费需求、认定的房价、消费折扣率、付款方式等信息。散客档案则是指客人在办理预定和入住登记时所留下的第一手资料，主要包括客人的姓名、性别、出生年月日、所属单位、常住地、有效身份证件类别、号码、联系方式、到达原因、入住房价、入住时间、付款方式等要素。

2.酒店有意识收集的客人消费个性化档案

这主要是指在酒店各服务区域，通过不同的渠道、方式，酒店有意识地主动去收集的客人消费需求特点、行为特征、个人嗜好等信息，包括客人的家庭状况、学历、职称、职务；对客房房型的要求；洗浴用品的品牌追求；枕头高低、床垫软硬度选择；阅读习惯；电视节目、娱乐喜好；饮食习惯、口味特征，茶叶、咖啡、酒类爱好；灯光、空调温度、洗澡水热度要求；卫生标准；个人其他嗜好；对酒店

随手札记

产品与服务的评价等。

3.客户信息分析档案。

客史档案是客户信息的总汇，客户信息分析是客史档案价值的真正体现。客户信息分析主要从以下几个方面进行，具体如表4-14所示。

只有上述三项内容有机组成的客史档案才能形成一个完善的体系，构筑起酒店客户关系管理系统和客户忠诚系统的组合平台，实现客史档案为经营决策提供依据的功能。

表4-14 客户档案分析

序号	项目	内容
1	客户概况分析	客户层次、经济风险、爱好、习惯等
2	客户忠诚度分析	指客户对酒店各项服务产品的认同度和购买热情
3	客户利润分析	指客户消费不同产品的附加利润、总利润额、净利润等
4	客户未来分析	客户数量、类别、潜在消费能力等未来发展趋势，争取客户的手段、方法等
5	客户促销分析	广告、宣传、情感沟通计划等
6	客户维护服务	客户的店庆、婚庆、厂庆、生日，客户特殊意义纪念节日、儿女升学等

（三）客史档案的建立

在错综复杂、千头万绪的客户信息中提取出有效的信息，形成科学的客史档案是一项十分困难的工作。因此，客史档案的建立必须做到以下几点：

1.树立全店的档案意识

作为酒店前厅经理，客史档案信息来源于日常的对客服务细节中，需要酒店全体员工高度重视，在对客服务的同时有意识地去收集，因此酒店在日常管理、培训中应向员工不断地宣传客史档案的重要性，培养员工的档案意识，形成人人关注、人人参与收集客户信息的良好氛围。

2.建立科学的客户信息制度

把客户信息的收集、分析作为酒店日常工作的重要内容，在服务程序中将客户信息的收集、分析工作予以制度化、规范化。要求各部门各级管理者及对客服务的员工每天在接触客人的过程中，必须将客人信息及需求填写到客人意见表中，在日常服务中应给员工提示观察客人消费情况的要点。各部门应注意要点如表4-15所示。

3.形成信息化管理

客史档案的管理必须纳入酒店信息管理系统中。信息管理系统中的客史档案应具备以下特点：

（1）信息共享功能，通过酒店信息管理系统达到客史档案的资源共享功能是客史管理的基本要求，使各部门能够相互传递信息，才能发挥相应作用。

（2）检索功能，便于随时补充、更改和查询。

表4-15　各部门应注意的要点

部门	注意要点	部门	注意要点
前厅部	(1) 客人的姓名、性别、国籍、籍贯 (2) 客人的职位 (3) 公司名称、地址 (4) 护照、身份证号码 (5) 联系电话、传真、电子邮件 (6) 出生日期、结婚纪念日 (7) 房间的预订与确认方式（传真、电话、电子邮件、商业信函） (8) 喜欢的房间类型、房号 (9) 房间价格、预订来源 (10) 喜欢的欢迎礼品（鲜花、水果、酒水等） (11) 付账方式、消费总额 (12) 抵离日期、房间号码 (13) 客人的意见与投诉 (14) 行李寄存记录 (15) 客人所喜欢的店外服务项目	客房部	(1) 客人喜欢的客房用品、卫浴用品 (2) 要求清洁房间和夜床服务的时间与次数 (3) 客人喜欢房间清洁的方式和物品摆放的位置 (4) 客衣洗涤的特殊要求及有关注意事项 (5) 客人喜欢收取、送回客衣的时间 (6) 客人喜欢送回洗衣的方式（折叠、挂架等） (7) 其他特殊要求（额外的枕头、毛巾、毛毯、变压器和多功能插座等）
餐饮部	(1) 客人喜欢的餐厅、菜式、酒水、饮料 (2) 用餐的氛围、个人习惯 (3) 用餐的价位、折扣 (4) 客人钟意的厨师、餐厅服务员 (5) 特殊要求的餐台摆放、餐具	销售部	(1) 房间的预订与确认方式（传真、电话、电子邮件、商业信函） (2) 预订来源 (3) 房间的种类、价格 (4) 客人的职务、公司名称 (5) 公司地址

随手札记

（3）及时显示功能，在酒店每个服务终端，输入客户基础数据，系统能够立即自动显示客人的相关信息资料，并作为对客接待提供依据。

对客户的资料应在表4-16中完整记录，并输入酒店计算机系统存档。

（4）利用客史档案进行常规化的经营服务。

酒店营销部门、公关部门应根据客史档案所提供的资料，加强与VIP客户、回头客、长期协作单位之间的沟通和联系，使之成为一项日常性的常规工作；可以通过经常性的回访、入住后征询意见、客户生日时赠送鲜花、节日期间邮寄贺卡以及酒店主题活动、新的菜式产品推出时给予推荐等方式来拉近酒店与客人之间的关系，让客人感到亲切和尊重。

总之，酒店客史档案的管理和应用是一项系统性工程，需要酒店高度重视、积极挖掘，形成严密完整的体系，并对客人日积月累的消费记录进行各方面的分析，从而提供有利的决策依据，才能使之成为酒店经营决策的基石。

表4-16 酒店客户档案表

姓名			性别	
公司/职务			国籍	
护照/身份证			籍贯	
信用卡			出生日期	
电话			电子邮件	
邮政编码			传真	
地址				
订房	房间类型		房号	
	预订来源		预定方式	
	房价		欢迎礼品	
客房	客房卫浴用品			
	夜床服务时间		夜床服务方式	
	清洁房间时间		清洁房间方式	
	客衣洗涤要求		物品要求与摆放	
	客衣收取时间		客衣送回时间	
	洗衣送回方式		洗衣送回时间	
餐饮部	餐厅名称		菜式	
	酒水/饮料		用餐氛围	
	餐台的摆设		特定厨师/服务员	
	用餐价位		折扣	
	个人习惯		个人爱好	
其他				

（四）客史档案的更新与维护

客史档案对酒店经营非常重要，为了确保酒店客人历史档案的价值性，前厅经理作为客史档案的主要管理者，应多做备份，避免因为计算机故障或其他问题导致档案丢失，给酒店造成重大损失。同时也需定期对酒店客人历史档案库信息资料进行清理和删除工作，该项工作由前厅接待处在酒店其他部门的配合下负责完成，具体工作任务如下：

（1）由申请部门填写需删除客史档案的“客史档案删除记录”（见表1－17），并注明有关内容，报所在部门经理审批。

（2）将“客史档案删除记录”和该客人的全部客史档案资料交至前厅部经理查阅。

（3）经前厅经理批准后，预订处在该客人的“酒店客人档案表”上加盖“删除”印章，同时将审批过的“客史档案删除记录”附订在档案卡片的正面。

（4）前厅经理向酒店主管本部门之副总经理汇报对客史档案删除的原因及有关内容。

表1－17　酒店宾客历史档案删除记录

客户姓名：________________	客户房号：________________
开房时间：________________	离店时间：________________
删除原因： ________________________________ ________________________________ ________________________________	
申请部门：________________	经理签名：________________

随手札记

八、员工激励工作

员工激励包含两方面：一是制订前厅部员工激励方案；二是评选优秀员工，前厅经理应通过这两种方式激发员工的工作热情，为酒店创造更多的效益。

（一）创造良好的沟通环境

前厅经理的激励工作有很大一部分是通过日常沟通工作来完成的，如聆听员工的心声，为他们解决困难等。

1.常见沟通障碍

常见的沟通障碍主要有以下几种，如表1–18所示。

表1-18　常见的沟通障碍

序号	障碍	说明
1	个人障碍	源于员工在情绪、价值观、教育、种族、性别、社会经济地位等因素的差异。这些因素常使员工之间产生心理距离，从而阻碍员工的有效沟通
2	物质障碍	常常产生于沟通的环境因素，如刺耳的噪音、身体距离、隔墙等。物质障碍常常通过改变环境，以便让发送者能够影响接收者的感受与行为来消除
3	语义障碍	源于双方对沟通所用符号，如词语、图像或动作的定义的不同理解。符号通常具有多种含义，一旦选错，误解即刻发生
4	口头沟通障碍	进行口头沟通的障碍有许多，其中包括没有认识到这些障碍的存在。人们习惯于认为沟通技巧就是自己与他人沟通的能力，虽然确保其他人能够与你沟通甚至会更重要。大多数的口头沟通需要有聆听的存在，但人们总是不能积极主动地去聆听他人的讲话

2.随时进行沟通

在前厅部的日常管理中，前厅经理应该随时进行沟通，了解员工的身心状态；如果遇到紧急或突发事件，应该及时进行沟通。随时开展有效的沟通的内容如表4–19所示。

表1-19　随时进行沟通的内容

内容	沟通方面	沟通内容
1	前厅部阶段性工作重点和方向	在向员工通报前厅部工作重点和方向时，前厅经理可以请员工就此分析自己该如何配合工作，具体方案如何，在实施过程中可能会遇到哪些困难，需要提供哪些帮助等
2	前厅部的重大事件	如重要合同签订、经营业绩取得重大突破、部门工作获得表扬和广泛认可等

（二）制订员工激励方案

为了使前厅部的工作充分适应酒店经

（续表）

内容	沟通方面	沟通内容
3	部门或个人表现优异的具体方面	尤其是员工个人在工作中的闪光点，前厅经理作为管理者一定要能发现并明确地提出表扬，可以是一个很小的方面，只要前厅经理善于发现，每位员工都会有很多的优点
4	所属员工或前厅部工作中需改进的方面及具体改进方案	有些工作可能做得也不错，但不是尽善尽美，可能有其他人做得更好，作为前厅经理，可以就此引导员工进一步努力做得更好，或和员工一起探讨改进的方向和改进方案的可行性
5	明确对下属工作上的期望，明确说明其工作对前厅部工作的重要性	前厅经理要经常和员工交流，表达你对他工作的认可和欣赏，你期望他怎么样工作。在日常工作中，注意发现员工工作和前厅部整体工作尤其是阶段性工作重点的切合点，说明其工作完成效果对前厅部整体工作完成的影响和重要程度，以加强员工对本职工作的重视和热爱，提升其使命感
6	对工作方法、思路上自己的建议和个人经验	员工在工作上可能存在不完美之处，作为前厅经理的你，应该给员工多提些建议，可以在工作方法、思路上给予提醒，将自己遇到类似问题时是怎么处理的告诉员工作为参考

营管理工作的需要，充分调动员工销售热情和调动员工工作积极性，前厅经理应制订员工激励方案，对员工售房的奖励措施作出详细规定，如下例所示。

【范例 23】

××酒店前厅部激励措施方案

一、经营指标考核方案

1.前厅部与酒店基本指标×××万元

随手札记

和散客任务指标×××万元同时挂钩。

2.前台分为班组一、班组二，平分基本指标×××万元和散客指标×××万元，即分别为基本指标×××万元和散客×××万元的任务指标。每月统计，年终核算。

3.全面完成酒店下达的客房收入和会议室收入基本指标，部门所有员工在年底可享受双薪。

4.在酒店基本指标超额完成的情况下，班组基本指标未完成、散客任务指标完成，绩效奖金的××%分配给已完成的班组，××%分配给未完成的班组。

5.在酒店基本指标超额完成的情况下，班组基本指标完成，散客任务指标未完成，绩效奖金的××%分配给已完成的班组，××%分配给未完成的班组。

6.在酒店基本指标超额完成的情况下，班组基本指标和散客任务指标均未完成，绩效奖金的××%分配给已完成的班组，××%分配给未完成的班组。

7.在酒店基本指标超额完成的情况下，两班组基本指标和散客任务指标均完成，绩效奖金按平分原则分配。

8.在酒店基本指标超额完成的情况下，两班组基本指标均完成，散客任务指标均未完成，绩效奖金按平分原则分配。

9.4月、11月因有医疗器械展和高交会展，这两个月的经营收入平均分配于两班组。

10.酒店可根据实际经营情况的需要和变化，保留调整和修改“经济指标考核方案”的权利。

二、赠送会员卡激励措施方案

1.赠送普通会员卡基本任务量××张/（月·人）。

2.超出任务量部分按×元/张提成，没完成基本任务量，每少一张按×元/张暂扣发当月工资，如年终累计送卡量完成累计任务量，返还各月暂扣工资总额。如有在年中离职的员工，截至离职日期累计送卡量达到累计任务量时，暂扣工资额可返还离职员工。

3.每销售银卡会员卡一张提成××元，金卡会员卡一张提成××元，钻石会员卡一张提成××元。

4.赠卡对象及注意事项：

（1）所有散客客源。

（2）如有订房中心客人主动要求时可赠送普通会员卡，第二次入住时起按普通会员形式入住，享受普通会员相应优惠。

（3）已享受折扣或特别折扣房价的客人以及入住特价房、钟点房、白日房的客人可赠送普通会员卡，但不享受普通会员相应优惠。

（4）所有商务合约、旅游会议团队的客人不得赠送会员卡。

5.酒店和相关部门可根据客源结构的变化，保留调整和修改“赠送会员卡激励措施方案”的权利。

三、散客售房激励措施方案

1.前台现有编制××人，分为两个班组，每组×人，顶班×人，以班组为单位进行考核。领班为班组组长，负责每月各班组的排班，任务分配、核实售房数和提成金额，做好日常登记工作的监督并保证数据的真实有效性等工作。

2.除领班以外的员工轮流顶班，即在B

座上班一个月

3.每月每班组AB座各上半个月，依次互换。

4.凡以酒店规定散客价销售的散客房，均可提成；其他所有低于散客价的不予提成。

5.提成仅限入住当天，续住房不在提成范围以内。

6.特价房、钟点房、白日房不参与提成。

7.提成标准

房型 楼号	标准房	豪华房	豪华商务房	娱乐套房	商务套房
A座	×元	—	—	×元	—
B座	×元	×元	×元	—	×元

8.前台以“坚持留住每一位客人”的销售原则来销售客房，如客人提出要给优惠，否则不住，但当事人不请示而强行以散客价销售导致客人流失，由部门配合酒店质检组核查，每证实一次，罚当事人自买房费并罚款100元/次。

9.由大堂副理每日对前台员工的散客售房登记数进行核查，夜审进行监督，每月初统计上一月份汇总数，交至财务部复核，经总经理签字批准后发放散客售房奖。

10.统计原则：每日平分房数时保留小数点后一位，月累计数只取整数，按四舍五入的原则舍弃小数点后一位。

11.酒店和部门可根据经营情况和客源结构的变化，保留调整和修改“散客售房激励措施方案”的权利。

（三）评选优秀员工

前厅经理应积极组织开展评选优秀员工活动，激发员工荣誉感，并将优秀员工树立为整个部门的榜样，以鼓励所有员工向他们学习，一起提高工作水平，同时为酒店创造更多的效益。

（四）制订评选方案

确定了评选流程后，前厅经理就要制订评选工作的详细方案，开展评选工作，

随手札记

如下例所示。

【范例24】

××酒店前厅部“优秀员工”的评选方案

为提高前厅部的管理水平和服务质量，进一步地提高和调动员工的积极性，树立德、能兼备的先进典型，充分发挥“优秀员工”的示范效应，弘扬尊重服务、重视服务、珍惜人才的时代风尚，前厅部决定开展评选“优秀员工”的活动，特拟定此方案：

一、“优秀员工”活动的评选对象

酒店各管理处基层服务人员（预订处员工、接待处员工、礼宾部员工、商务中心员工）。

二、“优秀员工”的评选条件及标准

（一）预订处员工的“优秀员工”评选条件

1.有良好的职业道德和思想素质，遵纪守法，熟悉前厅管理的相关法律法规。

2.热爱本职工作，积极主动地为客人提供优质服务，代表酒店的窗口形象。

3.服务热情，耐心接待客人，对工作有强烈的责任感，工作积极勤奋，月内无一例客人有效投诉发生。

4.使用文明用语，服务语言温馨，态度和蔼可亲。

5.积极维护酒店荣誉，在客人中树立了良好酒店形象和口碑，有特殊服务技能或突出事迹（客人口头或书面表扬）。

6.一切行为以酒店利益和声誉为重。

7.积极参与酒店组织的各类培训，培训考核合格。

（二）接待处员工的“优秀员工”评选标准

1.有良好的职业道德和思想素质，遵纪守法，热爱本职工作，积极地、创造性地为客户提供优质服务，代表酒店的窗口形象。

2.使用文明用语，服务语言温馨，态度和蔼可亲。

3.服务热情，耐心接待客人，对工作有强列的责任感，工作积极勤奋，月内无一例客户有效投诉发生。

4.积极维护酒店荣誉，在客人中树立了良好酒店形象和口碑，有特殊服务技能或突出事迹（客人口头或书面表扬）。

5.认真完成本职工作，工作成绩突出，管辖范围内未发生事故，无处罚记录。

6.积极参与酒店组织的各类培训，培训考核合格。

（三）礼宾部员工的“优秀员工”评选标准

1.有良好的职业道德和思想素质，遵纪守法，热爱本职工作，积极地、创造性地为客人提供优质服务，代表酒店的窗口形象。

2.使用文明用语，服务语言温馨，态度和蔼可亲。

3.服务热情，耐心接待客户，对工作有强烈的责任感，工作积极勤奋，月内无一例客户有效投诉发生。

4.积极维护酒店荣誉，在客人中树立了良好酒店形象和口碑，有特殊服务技能或突出事迹（客人口头或书面表扬）。

5.团队协作能力强、互相学习，对工作诚实、认真、负责。

6.一切行为以酒店利益和声誉为重。

7.在酒店的技能考核中达标。

8.积极参与酒店组织的各类培训，培训考核合格。

（四）商务中心员工的“优秀员工”的评选标准

1.有良好的职业道德和思想素质，遵纪守法，热爱本职工作，积极地、创造性地为客人提供优质服务，代表酒店的窗口形象。

2.使用文明用语，服务语言温馨，态度和蔼可亲。

3.服务热情，耐心接待客人，对工作有强烈的责任感，工作积极勤奋，月内无一例客户有效投诉发生。

4.积极维护酒店荣誉，在客人中树立了良好酒店形象和口碑，有特殊服务技能或突出事迹（客人口头或书面表扬）。

5.一切行为以酒店利益和声誉为重。

6.积极参与酒店组织的各类培训，培训考核合格。

三、评选及奖励办法

（一）评选方法

每季度第三个月25日前由各部门推荐一名候选人至人力资源部，人力资源部按照优秀员工的评选标准，于当月30日前组织各部门主管最终评选出两名前厅部门季度的“优秀员工”。

（二）奖励办法

1.前厅部颁发奖品，以示鼓励。

2.“优秀员工”照片张贴在光荣栏保留一个季度，在前厅及酒店例会上通报表扬。

3.作为年终绩效考核的加分标准，由人力资源部做好记录。

随手札记

一日工作安排与落实
一周工作安排与落实
月度工作安排与落实
季度工作安排与落实
年度工作安排与落实

管理心得

管理心得，其实是前厅经理对自己个人工作的总结。可以是对某一个事件的看法，也可以是某一项工作的实施计划；可以是成功的经验，也可以是失败的教训。

我的季度管理心得

已办事项	
未办事项	
待办事项	
通过这一季度的工作，我最大的收获是：	

第五章

年度工作安排与落实

年终又要到了，要对本年度前厅部工作进行总结，还要制订下一年度计划，实行年终部门大检查……

这个时候可以说是前厅经理忙得团团转的时候。

其实，你也可以不用让自己显得如此忙碌，比如，提前将年终各项工作做好安排，就可以让每件事情都按照计划进行。当然，预留一定的时间来应对突发事件，可以让你的年终各项工作更好地完成。

一、年度工作总结与下一年计划

年度工作总结简称年终总结，包括前厅经理个人总结和部门总结两种，这里讲的年终总结就是部门总结。当然，无论是哪一种，前厅经理都不要忽视。

年终总结到底该如何写才能引起领导的关注和重视，并能更好地指导来年的工作呢?这就是前厅经理必须重视的问题。

如果做到文、数、表、图综合运用，甚至是多媒体的演示，将要表达的核心思想准确、清晰、生动地呈现出来，会更能得到领导认可。当然，考虑到不同领导的风格偏好，也可以在形式与内容方面有不同侧重。

特别提示：

年终总结既不能是只有客观数据、理性分析的“一目了然”，也不能像纪实文学般的长篇报道，而应该是一个有系统性的报告，是一个能把形式和意图结合得很好的总结。

当然，所有的形式都要为内容等服务，要想全面、系统地做好年终总结，一般来说，可按照以下几个方面来组织内容。

（1）工作业绩，包括前厅部所取得的成绩。

（2）部门和团队建设，包括前厅部的制度建设，部门工作能力的提高、工作士气的提高、团队协作的改善等。

（3）跨部门合作，要把前厅部和酒店其他部门之间的配合、合作情况反映出来。

（4）希望解决的问题，提出问题并提供相应的解决对策。对于实在是没办法解决的问题，必须明确提出解决问题所需要的资源和支持。

【范例25】

××酒店前厅部年度工作总结（1）

××××年，前厅部在酒店领导的正确领导下，在各部门的大力支持、配合下，在部门员工的共同努力下，以销售管理为主，从深抓内部管理、降低成本、强化业务培训、关心员工生活等方面着手开展了工作，较好地完成了年度经营目标，各项工作也取得了显著成绩。现就年度主要工作作如下总结。

一、经营情况

年度计划任务××万元，实际完成××万元，超额××万元，（其中散客门市收入××万元，平均房价××元/间），占客房收入××%，完成计划的××%，收入与同期相比增长××万元。

二、主要工作

1.加强业务培训，提高员工素质

一年来，我们主要是以服务技巧为培训重点，严格按照培训计划开展培训工作，并分阶段对员工进行考核，同时加强了岗上实际操作培训，使员工能够学以致用。加强业务培训，认真对待每一批接待任务，根据不同阶段、不同团队，制订详细的培训计划及接待计划。遇到大型接待任务，我们只给接待人员5分钟的磨合期，包括整个的行之有效的报到流程、会务组及与会务中心之间的配合，这就需要有很好的业务能力及沟通能力，需要经过平时严格的培训才能做到。前厅部的所有人员都知道只有不断地充实自己才能脚踏实地地完成各项接待任务。在人员有限的情况下，我们要求管理人员必须亲临一线指导工作，发现问题，反馈信息，共同协商、及时调整，以达到最佳服务标准。

2.全力加强员工队伍建设，做好服务保障工作

一年来，我们始终把认真做好预订、接待服务，作为工作重点。通过合理排房提高入住率，通过热情、优质的服务，留住到酒店的每一位客人。全年通过前厅部员工的集体努力，圆满完成了接待大、中、小型会议73个；会议5次，VIP100人次，共接待人数37500人次。如省民政厅会议、建议厅会议、国土资源厅会议，在接待这些大型会议时，由于与会人员较多，退房时间不统一，这就对我们的接待工作提出了更高的要求，我们时常加班加点；在接待其会议时，由于其接待标准高，所以我们每次接待都不敢有一丝怠慢，经常加班加点；大家没有一丝抱怨、一句怨言，仍然满腔热情地投入到工作中。

3.扎实有效地开展好第四届优质服务活动

第四届优质服务活动于5月15日正式拉开序幕，我部门积极组织员工学习，吃透精神，对员工进行了一系列的专业技能的培训，大大提高了员工的服务意识及服务技能；与此同时，制定上报一系列的工作流程及工作标准，使前厅各种服务更加流畅，标准更加明确，使服务更加精细化、标准化，每周根据优质服务活动的方案，在员工中进行岗位练兵比赛，使员工的服务水平有了很大的提高，酒店组织的第一届职工联欢会，前厅部的员工踊跃报名，一展自己的才华。通过这次优质服务活动，在员工中逐步形成了一种争先恐后的态势，极大地激发了员工的工作热情。

随手札记

4.关心员工生活，创造轻松愉快的工作氛围

前厅工作内容繁杂，涉及面广，员工工作压力大，针对这一特点，前厅部始终强调要关心员工的生活，无论从部门经理还是到主管，都能切实地解决员工困难。遇到过节，管理人员会主动提醒他们给家里挂电话问候父母，生病时给他们送去水果，遇到生活上的困难会主动帮助他们，使他们感受到了集体的互助、互爱的温暖。为了缓解工作带来的压力，增强凝聚力，部门经常找他们谈心，鼓励他们，使他们能够以更好的工作状态迎接新的工作任务。同时我们要求管理人员在业务能力及为人处事方面必须起到表率作用，遇到困难必须与服务人员冲在第一线，以激励员工，减轻员工的工作压力，培养管理人员之间同心协力、同甘共苦的良好风气，使员工充分地信任部门，从而使员工保持稳定、健康的心态，保证对客服务的质量。

5.注重各部门之间的协调工作，共创佳绩

前厅部每位员工都必须积极参加酒店、部门组织的各项活动，这不仅使部门之间互相了解同时也增强了团队的向心力及凝聚力。我们同时强调前厅部是整个酒店的中枢部门，它同各部门都有着紧密的工作关系，如出现问题，我们都应主动地进行协调解决，避免事态的恶化，要有“到我为止”的服务意识和“酒店无小事”的服务态度。

6.加强“开源节流，增收节支”的意识

年度计划费用××万元，实际费用为××万元，节约了×万元，主要节约在工资、电、物料消耗等方面。在费用管理中，从细微处入手，严格物料领用制度，定期盘点、专人管理、定量配发，使年度前厅物品消耗控制在××元，费用与同期相比减少了××万元，各项费用指标均达到要求。

7.重视安全防范意识

前厅部在安全管理上进一步加强对相关数据、各类报表的管理，严格执行公安部门的有关规定，上传数据的开通、信息的录入及扫描，加之酒店会议客人报到的集中性、前台计算机仅有两台等因素为我们的前台工作增大了压力，但我们没有降低要求，对每位入住的客人都实行了严格的登记制度，对未携带身份证的客人，我们以认真负责的态度做好解释工作，同时将信息反馈销售部，协商单位担保，快速办理登记入住，严把入住登记关。对外宾我们又派人分别到分局录入、报单，做到专人专管，主管及经理抽查的制度。同时我们狠抓了钥匙的保管和使用制度，对遗失房卡的重新制作做到认真核实、仔细确认；对住客的贵重物品寄存做到提醒寄存，保证了客人的财产不受损失；对所有的订单、报表和数据都指定专人负责，分类存档、统计保存。

三、工作中存在的不足

1.培训效果不佳

我们在对员工进行培训后，员工也对培训的内容有了更深层次的了解，但是由于缺乏一个统一的监督机制，造成了培训是一张空白纸，虽然大家都明白、理解，但在实际工作中，做得不够到位，无形中也影响了服务质量。

2.服务质量、服务水平有待提高

前厅员工流动比较频繁，在很大程度

上影响了服务质量，一个新员工从入职后，要经过三个月的试用，才能完全熟练掌握本岗位的各项工作，但是有些员工在刚熟练本职工作后，便提出离职，造成了人员的过快流失。对于仪容仪表、礼貌礼节，在日常工作中的督导力度不够，造成了三天打鱼，两天晒网的局面，我们要加大日常工作中的检查力度，形成一种良好的习惯。

【范例26】

××酒店前厅部年度工作总结（2）

××××是忙碌的一年，也是收获颇丰的一年，我们见证了××酒店的每一步成长。在这一年里有我们的丰功伟绩，但也有做得不足的地方，现对本年度前厅部工作进行总结，具体如下：

一、日常管理

1.完成员工招聘及岗位培训工作。从8月5日第一批员工入职至10月24日酒店开业，短短两个半月时间内完成了员工招聘、培训工作，并快速进入营业状态。

2.规范各部门、各岗位的服务用语，提高对客服务质量。由于前厅部为门面部门，给客人的第一印象直接影响客人对酒店的评价，部门一直以来重视对员工礼仪礼貌及标准服务用语的培训，在过去的半年中，未因服务引起过任何客人投诉，凡事贵在坚持，前厅部将继续加大培训、督导、检查方面的力度。

3.加大技能培训力度，提高对客服务标准。从9月下旬西软系统培训至11月23日短短两个月时间内，完成了西软软件操作培训及华盛系统培训，并于11月23日配合工程部顺利完成华盛软件与西软软件的切换工作，在此期间未因系统原因引起过客人投诉，前厅部将继续加大对员工岗位技能的培训力度，以保证工作效率，提高对客服务标准。

4.完成部门营业物品采购工作。在酒店开业之前，完成所有营业使用印刷品、营业单据、办公设备、营业设备的采购工作。

5.完成工程问题自检及上报。在营业初期，对部门各营业区域存在的工程问题进行汇总、上报，并跟进解决进度，以保证达到营业状态。同时多次配合工程部对

随手札记

大堂前厅部功能区域的规划提出可行性建议。

6.完成固定资产盘点，做好资产管理。前厅部坚持每月进行固定资产部门自盘，并配合财务部完成年度固定资产盘点工作，无任何差异。

7.完成节日装饰，增加节日气氛。在圣诞节前，根据营业区域特点，采购圣诞物品，并对2号及3号楼及接待台进行装饰布置，并对总机及前台接听电话标准进行更改，增加了酒店整体的节日气氛，在圣诞节结束后又将所有圣诞装饰物品回收，返还酒店仓库。

8.管理酒店各部门电话权限，进一步控制成本。在酒店开业初期完成了酒店各部门电话分机数量的统计，分配各部门内部号段，并完成权限设置。为了做好成本控制力度，除销售部及部分营业区域有外线权限外，其他部门均为内部权限，如需开通权限必须由总经理同意并签批后方可开通。

9.做好本职工作的同时，积极参加酒店活动。在酒店开业初期，多次组织部门形象较好的员工配合酒店录制宣传片工作，员工穿着泳装在秋末气温较低的情况下，成功拍摄了酒店的宣传片。同时前台两名员工还作为员工标准着装的榜样配合人力资源部拍照，并张贴在员工食堂供所有员工学习。

10.关心员工，体恤冷暖。前厅部一直以来都是讲究制度与人性相结合的管理方法，在员工住宿环境较差时，经常关心员工生活情况，在12月底顺利完成员工宿舍搬迁工作，对员工反馈的宿舍及食堂问题及时反馈给人力资源部，并得到及时解决。同时由于3号楼一层接待区域气温太低，员工经常感冒，而且工作时经常手冻得麻木，为了增加温度为前台采购电暖气，将继续加大员工团队建设力度，稳定员工队伍。

11.规范程序，加强管理。为了进一步规范财务管理制度，前台重新规定了“入住客房押金收取程序”及“前台账目担保挂账程序”，已抄送市场营销及财务等相关部门，并已对所有员工进行培训，将继续做好监督管理工作。

12.收集意见，按时反馈。每周前台主管根据在接待客人过程中，对收到的客人意见进行整理、汇总，上报至总经理办公室，使客人意见有效及时地反馈至酒店管理层，将继续做好客人意见收集及反馈工作。

二、培训工作

1.××××年8月5日，由人力资源部组织所有新入职员工进行了为期一个月的酒店产品知识及酒店行业基本礼仪培训，为我们日后进行岗位培训打下了良好的基础。9月初所有员工回归部门，由部门组织员工进行岗位知识培训，并对前台、总机员工进行计算机系统操作培训。在10月初酒店进行试营业状态时对前台、礼宾部、总机员工进行考核，员工平均考核成绩均在80分以上，所有员工均可达到上岗标准。

2.在日常工作中，前厅部也非常重视员工的培训工作，对员工进行岗位操作技能、礼仪礼貌、酒店产品知识及酒店下发各种文件的培训，提高员工工作效率及对客服务质量，还通过工作中发生的特殊案例对员工进行培训，加强员工处理问题的能力。

3.部门还组织员工参加酒店组织的消防知识培训，提高了员工安全防范意识；组织员工参加人力资源部组织的“酒店产品知识100问”的考核。

三、经营方面

1.截至××××年12月31日共接待客房总数为2019间/晚，接待人数为3756人次，自用房101间，免费房138间，总收入：1261046元（以上数据均为从××××年11月23日起华盛系统内统计数据）。

2.从12月24日起××11间客房对外销售，客人入住时在3号楼办理入住手续，已对所有员工进行销售程序的培训，将加大销售力度，增加酒店收入。

在××××年走过的每一步都留下了我们的汗水，成绩虽不可磨灭，但我们也深知自身的不足之处。在明年的工作中，前厅部会加大对员工的岗位知识、礼仪礼貌、服务技巧等技能的培训力度，完善前厅部各岗位操作程序及管理制度，加大酒店产品的销售力度，为明年××酒店的壮美宏图增加最绚丽的色彩！

前厅部经理：

二、年度工作计划

（1）每年年终，前厅经理除了要对一年的工作进行总结，还要做好来年的工作计划。下例是某酒店前厅经理的年度工作计划，仅供参考。

【范例 27】

××酒店年度工作计划

新的一年就要来临了，要有一个新的变化，计划在新的一年里做好以下几点。

一、培训方面

前厅部主要是本着不断地改进服务品质、保持产品在性价比方面的竞争优势、提升客人对品牌的认知度和忠诚度的目的进行一些重点培训。

1.在每周例会中加强服务意识的培训，对在本周中发生的投诉案例进行分析，从中发现接待中出现的不足、操作中出现的失误，以避免同类事情的发生。对案例的处理方案进行讨论，提高处理问题的能力；提高员工的责任心与责任感。

随手札记

2.例会中讨论了分析操作中出现的错误及失误，针对每次接待出现的不同问题，进行分析讨论，交流操作技巧，总结工作经验。分析发生的原因以及避免出现的方法，规范正确的操作程序，严格按照“总台操作规范”进行操作。

3.加强有效沟通。在与客人的交流和沟通中，及时收集、准确传递并反馈信息。例会中要讨论在工作中如何更好地服务客人、提高客人满意度的方案。针对如何更好地处理客人提出的投诉这一问题，提高处理投诉的技巧。

4.定期安排一些知识培训，扩大员工的知识面，提高其综合素质。

二、服务方面

1.前台

前台主要是提高服务质量，热情周到地接待每一位客人。

（1）在例会中进行服务礼仪的培训，讨论工作中发现的问题，对于不正确的操作方法及时进行纠正。

（2）讨论工作方法，如何更快捷地服务、提高客人满意度以及工作效率。

2.保安

保安主要是提高主动的服务意识、服务质量。

（1）加强服务礼仪的培训，培养主动的工作态度，加强工作责任心。

（3）加强安全意识的培训。

三、管理方面

1.严格按照操作规范及接待预案规范每位员工的操作，及时发现问题，及时指出、纠正。对问题进行跟进，督导不再出现同样的错误。

2.日常以身作则，做好现场示范与督导。

3.提高专业水平，完善品牌标准，保证质量。对照品牌标准，建立考核。针对服务中及操作中出现的薄弱环节进行考核，增强工作热情，激励员工不断进步。

4.严格要求前台接待做好登记，前台按照公安局的规定对每位入住的客人进行入住登记，并将资料输入计算机，客人的资料通过酒店的上传系统及时地向当地公安局进行报告，认真执行公安局下发的通知。

5.日常培养员工的节约意识，加强节约管理，要求每位员工用好每一张纸、每一支笔，以旧换新。

四、销售方面

1.积极配合销售经理，安排人员进行销售活动。

2.熟知订房中心、网上及店内的销售活动内容，能够全面准确地给予介绍。

3.加强员工的销售意识和技巧，提高会员卡的销售力度。认真对待每一位协议单位的客人，加强对协议单位的维护。强调员工在接待过程中奉行“只要是到总台的客人，我们都应想办法把客人留下来”的宗旨，尽可能地为酒店争取住客率。

管理人员应提高自身服务意识，注重对待员工的态度，为员工创造良好的工作环境，以便为客人提供优质的服务；不断学习掌握业务知识，细心观察、督导员工的操作，与客人进行有效沟通。

（2）除了概述全年的工作计划，前厅经理还应对每个月的重点工作作出详细安排，以便合理安排时间。可参考本书第二章中关于月度重点工作的安排。

三、编制年度培训计划

培训工作是前厅经理的一项重要工作，前厅经理要在年底编制前厅部年度培训计划，根据培训计划完成培训工作。当然，有的培训工作需要人力资源部配合，才能更好地完成。下例是某酒店前厅部员工培训计划，仅供参考。

【范例 28】

××酒店前厅部年度培训计划

时间	课时	学习内容
2月份	第四周	学习酒店作风教育整顿活动并查找出前台存在的突出问题及整改方法
3月份	第一周	前台员工的基本素质要求（仪容仪表、礼节礼貌、心理素质）
	第二周	前台人员的各项规章制度、工作细则
	第三周	财务的各项管理规定和相关管理制度
	第四周	实行酒店工作督察制度等四项制度的通知
4月份	第一周	前台人员对客服务的语言规范
	第二周	酒店制定的相关管理制度及员工守则
	第三周	接待服务的工作细节及要求规范
	第四周	接待服务工作的要求理念
5月份	第一、第二周	酒店的企业文化管理体系、设计元素、设计理念
	第三、第四周	前台代收会议费用的管理制度、案例分析

随手札记

（续表）

时间	课时	学习内容
6月份	第一、第二周	前台各种管理表格的正确使用方法
	第三、第四周	服务意识与职业道德培训
7月份	第一、第二周	前台接待员的预定程序与要求、岗位练兵
	第三、第四周	接待员的服务操作程序及规范、技能训练
8月份	第一、第二周	前台接待员接待客人的接待程序、岗位练兵
	第三、第四周	接待服务过程中的注意事项、案例分析
9月份	第一、第二周	接待员填写外国人的临时住宿登记表（护照学习）、技能训练
	第三、第四周	前台员工销售客房的推销技巧及方法、岗位练兵
10月份	第一、第二周	接待客人投诉的处理程序和处理方法、岗位练兵
	第三、第四周	接待客人的结账工作流程、技能训练
11月份	第一、第二周	向客人了解相关信息并做好存档管理（建立客史档案）
	第三、第四周	前台与部门内外沟通协调的重要性
12月份	第一、第二周	了解本市各旅游景点、简介及旅游路线
	第三、第四周	温习一年的学习内容
备注： （1）总机主要学习：话务员基本素质要求、服务基本要求；话务员的工作制度、操作规范；话务台计费系统操作程序及交换机出现故障时的处理方法；总机服务项目及服务规程；学习总机相关英语 （2）前台按计划组织学习，采取集中学习与自学形式，根据工作情况、淡旺季合理调整学习全年培训计划		

四、制定年度预算

前厅部的年度预算一般包括两个方面，即收入预算和支出预算。前厅经理要仔细做好安排，以保证预算达到平衡。

（一）年度收入预算

前厅部的年度收入主要包括前厅收入、会议室收入、前厅其他收入等。

（1）前厅收入预算即前厅年度销售预测，是指对预期的年度前厅销售作营业收入计划分析的过程，其结果是制定前厅年度销售预算。

（2）制订前厅年度销售预算计划，须依据三个方面的预测资料：

——酒店下达的前厅年度销售的各项指标。

——近两年以来前厅实际营业状况统计资料。

——预期年度前厅预订统计资料。

（3）预测步骤，如图5-1所示。

步骤1 → 根据统计资料提供数据，分析并权衡出租率，以及平均房价与前厅年度销售各项指标之间的关系

步骤2 → 商定前厅出租率和平均房价的浮动百分比

步骤3 → 计算年度前厅出租间天数

步骤4 → 根据季节差别和酒店接待能力，科学、合理地将前厅销售预计达到的平均房价、出租率、间天数及前厅总收入按月分解并单列

步骤5 → 填制前厅年度销售预算表并报酒店总经理审核

图5-1　年度收入预测步骤

（二）年度开支预算

年度开支预算主要包括重点项目预算和低值易耗品预算两个方面。

1.重点项目预算

前厅部每年需要做预算的项目很多，如人工成本、交际应酬、装饰维修费等，占用开支较多，前厅经理应首先列举出来，作出预测，再结合前厅实际情况，作出预算安排。如表5-1所示。

2.低值易耗品预算

除了上述大项支出，前厅还有许多低值易耗品支出，单项数额虽然不大，但数量很多，如果不注意做好安排，很容易会造成浪费或不足。前厅经理应做专门预算安排，具体项目如表5-2所示。

随手札记

表5-1　前厅重点项目预算表

年度	年度预测		年度预算		年度预算比年度预测
项目	金额	%	金额	%	增减额
一、营业费用					
1.人工成本					
其中：工资					
补充养老保险					
商业保险					
补充医疗保险					
非工资性补贴					
职工住房					
职工福利费					
工会经费					
职工教育经费					
工作餐费					
工作服费					
工作服洗涤费					
养老统筹费					

（续表）

年度	年度预测		年度预算		年度预算比年度预测
项目	金额	%	金额	%	增减额
医疗保险费					
失业保险费					
清凉饮料					
劳防用品					
营养津贴					
劳务费					
小计					
2.交际应酬					
其中：招待用餐					
食品（饮料、点心等）					
礼品					
参观费					
小计					
3.各项器具					
低值——银器					

（续表）

年度	年度预测		年度预算		年度预算比年度预测
项目	金额	%	金额	%	增减额
低值——器皿					
低值——家具					
低值——工具					
低值——布件					
低值——其他					
其他					
小计					
4.装饰布置维修					
其中：绿化					
艺术品					
鲜花（含VIP）					
日常维修					
小计					
5.其他费用					
其中：差旅费					

（续表）

年度	年度预测		年度预算		年度预算比年度预测
项目	金额	%	金额	%	增减额
洗涤费用					
市内电话费					
国内外长途电话费（包括传真）					
收视费					
销售佣金					
机场班车费用					
其他					
小计					
营业费用合计					
注：表内%栏是指该行内容占前厅部营业费用合计的百分比					
财务经理：	部门负责人：		制表：		日期：

表5-2 低值易耗品预算

前厅印刷品成本					
序号	项目	规格	数量	包价	单价
1	生日贺卡（封套）				
2	欢迎卡				
3	传真纸				
4	本地信封				
5	航空信封				
6	出租车卡				
7	留言信封				
8	保险箱授权书				
9	房卡皮				
10	团队房卡皮				
11	行李签				
12	寄存卡				
13	账单信封				
14	A4大信封				
15	国内信封信纸				
16	国际信封信纸				

（续表）

前厅印刷品成本					
序号	项目	规格	数量	包价	单价
17	订车单				
18	房价变动单				
19	客房用品清单				
20	杂项单				
21	账单纸				

每间房间入住需用应刷品				
序号	项目	数量	单价	合计
1	房卡皮			
2	行李签			
3	寄存卡			
4	账单信封			
5	账单纸			
	总计			

（三）预算制定的注意事项

前厅经理制定预算时，还需要注意以下几点：

（1）检查各类物品库存量，对现有库存量前厅经理要做到心中有数。

（2）确定年消耗量，前厅经理要使预算做得合理，必须研究各类物品的年消耗量。

（3）了解酒店近期规划是否有更新改造或某类产品的改型，并根据规划制定预算。

（4）了解年度销售计划和平均出租率，结合年消耗量和库存因素制定预算。

（5）由于前厅部还负责其他部门的家具配备、更新财产维修工作，因而应与相关部门协商预算，统一开支。

（6）预算制度应分轻重缓急。

（7）了解供应商各种物品原料的价格，以及价格上涨指数。

（8）了解各部门人员编制情况，从而确定工服预算。

特别提示：

前厅经理必须对预算执行情况进行检查，一般每年这种检查不得少于两次，通常是每月检查一次。制定年度预算是前厅经理的一项重要工作。前厅经理应该根据上年度前厅部各项支出的具体情况，以及前厅部实际需求，制定出下一年预算。

五、建立对客服务质量标准

前厅经理要保证前厅部对客服务质量，必须建立对客服务质量标准。因为前厅部对客服务质量高低直接影响客人的满意度。

（一）建立质量标准的依据

前厅经理制订对客服务质量标准的依据是国家旅游局对星级酒店评定的最新标准（《旅游酒店星级的划分与评定》

随手札记

GBT 14308—2010）。最新标准对酒店前厅服务的要求如表5-3所示。

表5-3 最新标准对酒店前厅服务的要求

2.1.1	总机
2.1.1.1	在正常情况下，电话铃响10秒内应答
2.1.1.2	接电话时正确问候宾客，同时报出酒店名称，语音清晰，态度亲切
2.1.1.3	转接电话准确、及时、无差错（无人接听时，15秒后转回总机）
2.1.1.4	熟练掌握岗位英语或岗位专业用语
2.1.2	预订
2.1.2.1	及时接听电话，确认宾客抵离时间，语音清晰，态度亲切
2.1.2.2	熟悉酒店各项产品，正确描述房型差异，说明房价及所含内容
2.1.2.3	提供预订号码或预订姓名，询问宾客联系方式
2.1.2.4	说明酒店入住的有关规定，通话结束前重复确认预订的所有细节，并向宾客致谢
2.1.2.5	实时网络预订，界面友好，及时确认
2.1.3	入住登记
2.1.3.1	主动、友好地问候宾客，热情接待
2.1.3.2	与宾客确认离店日期，对话中用姓氏称呼宾客
2.1.3.3	询问宾客是否需要贵重物品寄存服务，并解释相关规定
2.1.3.4	登记验证、信息上传效率高、准确无差错
2.1.3.5	指示客房或电梯方向，或招呼行李员为宾客服务，祝愿宾客入住愉快
2.1.4	*行李服务

（续表）

2.1.4.1	在正常情况下，有行李服务人员在门口热情友好地问候宾客
2.1.4.2	为宾客拉开车门或指引宾客进入酒店
2.1.4.3	帮助宾客搬运行李，确认行李件数，轻拿轻放，勤快主动
2.1.4.4	及时将行李送入房间，礼貌友好地问候宾客，将行李放在行李架或行李柜上，并向宾客致意
2.1.4.5	离店时及时收取行李，协助宾客将行李放入车辆中，并与宾客确认行李件数
2.1.5	礼宾、问询服务
2.1.5.1	热情友好，乐于助人，及时响应宾客合理需求
2.1.5.2	熟悉酒店各项产品，包括客房、餐饮、娱乐等信息
2.1.5.3	熟悉酒店周边环境，包括当地特色商品、旅游景点、购物中心、文化设施、餐饮设施等信息；协助安排出租车
2.1.5.4	委托代办业务效率高，准确无差错
2.1.6	*叫醒服务
2.1.6.1	重复宾客的要求,确保信息准确
2.1.6.2	有第二遍叫醒，准确、有效地叫醒宾客，人工叫醒电话正确问候宾客
2.1.7	结账
2.1.7.1	确认宾客的所有消费，提供总账单，条目清晰、正确完整
2.1.7.2	效率高，准确无差错
2.1.7.3	征求宾客意见，向宾客致谢并邀请宾客再次光临
2.2	前厅维护保养与清洁卫生
2.2.1	地面：完整，无破损、无变色、无变形、无污渍、无异味，清洁、光亮
2.2.2	门窗：无破损、无变形、无划痕、无灰尘

（续表）

2.2.3	天花（包括空调排风口）：无破损、无裂痕、无脱落，无灰尘、无水迹、无蛛网，无污渍
2.2.4	墙面（柱）：平整，无破损、无开裂、无脱落、无污渍、无蛛网
2.2.5	电梯：平稳、有效，无障碍、无划痕、无脱落、无灰尘、无污渍
2.2.6	家具：稳固、完好，与整体装饰风格相匹配。无变形、无破损、无烫痕、无脱漆、无灰尘、无污渍
2.2.7	灯具：完好、有效，与整体装饰风格相匹配。无灰尘、无污渍
2.2.8	盆景、花木、艺术品：无枯枝败叶、修剪效果好，无灰尘、无异味、无昆虫，与整体装饰风格相匹配
2.2.9	总台及各种设备（贵重物品保险箱、电话、宣传册及册架、垃圾桶、伞架、行李车、指示标志等）：有效、无破损；无污渍、无灰尘

（二）建立服务质量标准的内容

前厅经理在参照国家最新标准的前提下，要根据前厅各部门的具体情况，制定更有针对性的标准，如表5-4所示。

特别提示：

前厅经理应要求部门员工按照以上这些服务标准进行对客服务，对没能达到标准的员工要及时指出，并帮助他们作出改正。

表5-4 前厅部质量标准

序号	质量标准名称	质量标准内容	备注
1	服务程序标准	指按时间顺序排列服务环节，既要求做到服务工作的有序性，又要求保证服务内容的完整性。例如：前厅接待服务有四个环节，即客人到店前的准备工作，客人到店时的迎接工作，客人住店期间的服务工作，客人离店时的结束检查工作。其中每个环节又可以细分出很多具体的步骤和要求。如果这个程序中有一个环节或步骤出现问题，就会使对客服务整体质量受到很大影响。因此，确定前厅服务程序标准是保证服务质量的重要环节	
2	服务效率标准	指在对客服务过程中建立服务的时效标准，保证客人得到快捷、有效的服务。如：有些酒店规定前厅工作人员要帮助自己5米内的客人拿行李	

（续表）

序号	质量标准名称	质量标准内容	备注
3	服务设施用品标准	指酒店对客人直接使用的各种设施、用品的质量与数量作出的严格规定。设施、用品是酒店服务产品的硬件部分，其使用标准的高低直接影响服务质量水平。如：前厅收银员结账时服务态度差，客人往往就会对酒店整体服务质量水平产生怀疑和不满	
4	服务语言标准	指酒店规定的在待客服务过程中所必须使用的标准化语言。酒店在欢迎、欢送、问候、致谢、道歉等各种场合下要求员工使用的标准语言。如规定服务中使用的敬语口诀：“请”字当头，“谢谢”不断，见面“您好”，离别“再见”，得罪客人“对不起”，客人谢谢“没关系”等；同时酒店也应明确规定服务忌语，如规定在任何时候都不能回答客人“不知道”。使用标准化语言既可以提高服务质量，又可确保服务语言的准确性	
5	服务态度标准	指对服务员在提供面对面服务时所应表现出的态度和举止礼仪所作出的规定。如服务员接待客人时应面带微笑，须实行站立服务，站立时不得前倾后仰，双手叉腰，抓头挖耳；当着客人的面不得高声喧哗、吐痰、嚼口香糖等	

随手札记

六、前厅设备更新改造

（一）与设备部门协作

前厅部应与工程设备部门一起制订固定资产定额和设备的添置、折旧、大修和更新改造计划，以及低值易耗品的摊销计划，减少盲目性。

（二）制订更新计划

为了保证酒店的规格档次和格调一致，保持并扩大对客源市场的影响力，多数酒店都要对前厅进行计划中的更新并对一些设备用品实行强制性淘汰。一般的前厅更新改造，如表5-5所示。

（三）参照国家旅游局对星级酒店的最新标准

国家旅游局发布的星级酒店评定的最新标准（《旅游酒店星级的划分与评定》GBT 14308—2010）对五星级酒店前厅部各项设施设备作了明确要求，前厅经理在与工程部协商前厅设备更新改造时，应参照这个标准，根据酒店的实际情况，合理

表5-5　前厅更新改造

序号	类别	说明	备注
1	常规修整	（1）地毯、饰物的清洗 （2）墙面清洗和粉饰 （3）常规检查和保养 （4）家具的修饰 （5）大堂油漆翻新	一般每年至少进行一次
2	部分更新	（1）更换地毯 （2）更换墙纸 （3）沙发布、靠垫等装饰品的更新 （4）窗帘、帷幔的更换 （5）床罩的更换	前厅使用达5年时，即应实行更新计划
3	全面更新	（1）橱柜、桌子的更新 （2）弹簧床垫和床架的更新 （3）坐椅、床头板的更新 （4）更换新的灯具、镜子和画框等装饰品 （5）地毯的更新 （6）墙纸或油漆的更新 （7）卫生间设备的更新，包括墙面和地面材料、灯具和水暖器件等	往往10年左右进行一次，要求对前厅陈设、布置和格调等进行全面彻底的改变
备注：根据各酒店的具体情况予以提前或到期进行			

地制订计划。

表5-6　前厅设备更新改造的最新标准

2	前厅
2.1	功能划分合理，空间效果良好
2.2	装饰设计有整体风格，色调协调，光线充足，整体视觉效果和谐
2.3	总服务台位置合理，接待人员应24小时提供接待、问询和结账等服务，并能提供留言、总账单结账、国内和国际信用卡结算、外币兑换等服务
2.4	应专设行李寄存处，配有酒店与宾客同时开启的贵重物品保险箱，保险箱位置安全、隐蔽，能够保护宾客的隐私
2.5	应提供酒店基本情况、客房价目等信息，提供所在地旅游资源、当地旅游交通及全国旅游交通的信息，并在总台能提供中英文所在地交通图、与住店宾客相适应的报刊
2.6	在非经营区应设宾客休息场所
2.7	门厅及主要公共区域应有符合标准的残疾人出入坡道，并配备轮椅，有残疾人专用卫生间或厕位，为残障人士提供必要的服务
2.8	应24小时接受包括电话、传真或网络等渠道的客房预订
2.9	应有专职的门卫迎接服务人员，18小时迎送宾客
2.10	应有专职行李员，配有专用行李车，24小时提供行李服务，提供小件行李寄存服务
2.11	应提供代客预订和安排出租车服务
2.12	应有专职人员处理宾客关系，18小时在岗服务
2.13	应提供礼宾服务
2.14	应有管理人员24小时在岗值班

随手札记

七、签订前厅部安全责任书

酒店每个部门都要同保安部签订安全责任书，一般部门安全负责人是部门经理，当然也可以安排专门人员负责。前厅经理作为前厅最高负责人，应慎重对待安全责任书，确保能完全达到责任书中的要求。

【范例29】

××酒店前厅部消防安全责任书

为认真贯彻、执行、实施《中华人民共和国消防法》相关规定，经酒店安全委员会及行政办公室会议研究决定，由×××担任××××年前厅部防火负责人，对前厅部消防安全负责。

特此备案

防火责任人　　　　保安部经理

签名：　　　　　　签名：

年　月　日　　　　年　月　日

注：此责任书一式三份，存档一份，责任人一份，保安部一份。如有变动及时更改。

前厅部消防安全职责

前厅部防火负责人全面组织领导本部门的各项消防安全工作，按照“预防为主、防消结合”的消防安全工作指导方针，体现“安全为了工作，服务必须安全”的安全服务宗旨，认真履行以下职责：

1.认真执行酒店制定的安全规章制度。

2.制定本部门的消防安全规定和消防安全服务操作规程，并负责贯彻落实。

3.确定本部门不同岗位的安全责任人并与之签订安全责任书。

4.针对本部门特点对员工进行消防安全宣传教育。

5.经常检查电器、开关、线路插座是否正常完好。

6.注意提醒客人（醉客）和有躺在床上吸烟习惯的客人，将烟蒂熄灭，严禁将未熄灭的烟蒂倒在纸篓内，以免引起火灾。

7.客人离开房间时，要检查一下室内有无未熄灭的烟蒂，然后再锁门。

8.组织本部门的消防安全检查，及时消除安全隐患。

9.在营业时，不得将紧急出口锁住，消防通道及门前不得堆放物品，紧急出口指示灯必须正常。

10.不得把消火栓、灭火器等消防器材挪作他用，并保证消火栓内卫生清洁。

11.不得违章关闭消防设施电源。

12.注意保管好本部门仓库的物品，特别是化学物品和易燃物品。

13.前厅发生火警要及时报警和扑救，负责疏散客人、转移物资，保证客人及财产的安全。

14.积极协助保安部处理好各种报警及抢险、救灾工作。

15.在日常工作中，对涉及消防安全方面上的问题，要及时通报保安部，重大问题要立即报酒店领导。

【范例30】

××酒店安全生产综合目标管理责任书

根据《酒店年度安全生产综合目标管理办法》，酒店安全生产领导小组特与前厅部签订安全生产综合管理目标：

一、职工工伤事故

部门员工工伤事故，涉及医疗金额在1000元以上者为零。

二、火灾事故

部门所辖区域不发生火灾事故，无重大火灾隐患。

三、其他事故经济损失指标

全年无损失2000元以上事故发生，全年事故经济损失积累不超过5000元。

酒店安全领导小组：　　前厅部：

签字人：　　签字人：

年　月　日　　年　月　日

八、前厅员工年度绩效考核

每个月月底，前厅经理就要在人力资源部的配合下，对前厅部员工进行考核，并将考核记录在案（见表5-7），具体内容可见本书第三章相关内容。前厅经理对他们的年终考核可参考月度考核结果。

表5-7　年度绩效考核统计表

部门名称：　　考核年度：________年

姓名	岗位	月度绩效分												年度绩效分
		1	2	3	4	5	6	7	8	9	10	11	12	

制表人/日期：　　审批/日期：

随手札记

- 一日工作安排与落实
- 一周工作安排与落实
- 月度工作安排与落实
- 季度工作安排与落实
- 年度工作安排与落实

管理心得

管理心得，其实是前厅经理对自己个人工作的总结。可以是对某一个事件的看法，也可以是某一项工作的实施计划；可以是成功的经验，也可以是失败的教训。

我的年度管理心得

已办事项	
未办事项	
待办事项	
通过这一个年度的工作，我最大的收获是：	

参考文献

[1] 南兆旭，滕宝红．现代酒店星级服务标准．广州：广东经济出版社，2003．
[2] 星级酒店服务培训指南丛书编委会．星级酒店客房服务员培训．北京：中国时代经济出版社，2006．
[3] 孔秋英．实用酒店培训指南．北京：中国经济出版社，2003．
[4] 钮先钺．酒店营运管理与实务．广州：南方日报出版社，2002．
[5] 温晓婷．现代酒店知识与管理．北京：中国商业出版社，2000．
[6] 何祖敏．新编现代酒店员工培训教材．广州：广东人民出版社，2002．
[7] 郭春敏．酒店前台作业管理．广州：南方日报出版社，2004．
[8] 沈忠红．现代饭店前厅客房服务与管理．北京：人民邮电出版社，2006．
[9] 郑宏博，郭昊奎．前厅服务．北京：中国金融出版社，2006．
[10] 劳动和社会保障部．前厅服务员．北京：中国劳动社会保障出版社，2004．
[11] 吴军卫．前厅疑难案例解析．北京：旅游教育出版社，2002．
[12] 徐文苑，贺湘辉．酒店前厅管理实务．广州：广东经济出版社，2005．